W0464173

DAMIEN CASTERA

LA LIBERTÉ NE MEURT JAMAIS

récit

nrf

GALLIMARD

© Éditions Gallimard, 2025.

À Marie…

Depuis les temps immémoriaux
Un aigle y châtie Prométhée,
Chaque jour lui frappe les côtes,
Chaque jour lui brise le cœur.
Il le brise mais ne peut boire
Le sang vivant – le cœur revit
Et de nouveau se met à rire.
Notre âme ne peut pas mourir,
La liberté ne meurt jamais.

TARAS CHEVTCHENKO
Caucase, 1845

Agir, c'est connaître le repos.

FERNANDO PESSOA
Le Livre de l'intranquillité,
1982 (œuvre posthume)

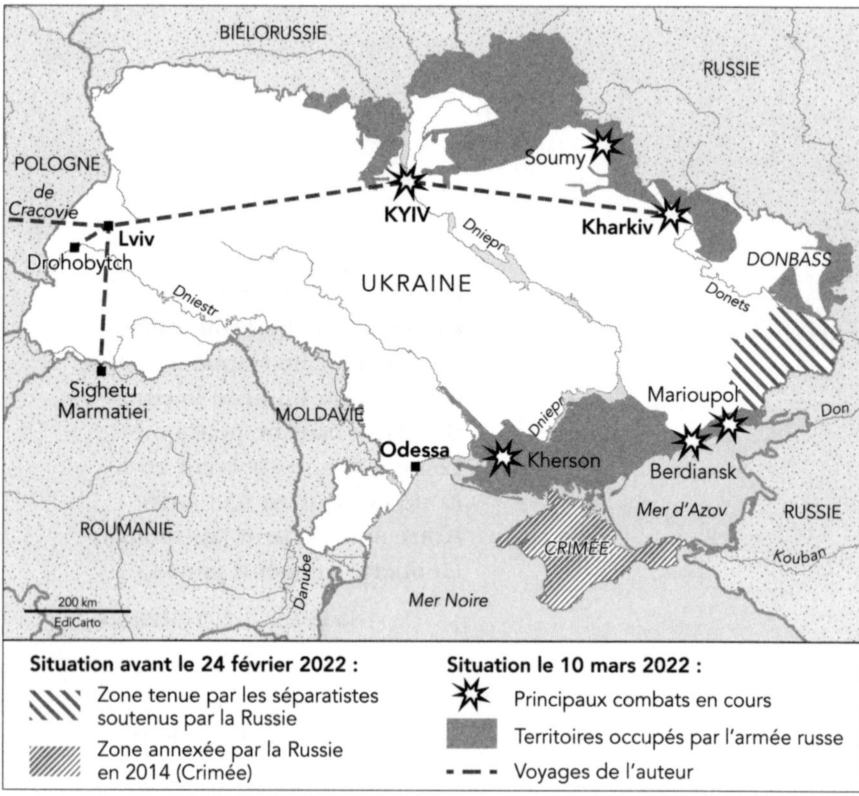
BIÉLORUSSIE
RUSSIE
POLOGNE
de
Cracovie
Lviv
Drohobytch
KYIV
Soumy
Kharkiv
Dniepr
UKRAINE
DONBASS
Donets
Dniestr
Sighetu
Marmatiei
MOLDAVIE
Odessa
Kherson
Dniepr
Marioupol
Berdiansk
Don
Mer d'Azov
RUSSIE
CRIMÉE
Kouban
ROUMANIE
Danube
Mer Noire
200 km
EdiCarto
Situation avant le 24 février 2022 :
Zone tenue par les séparatistes soutenus par la Russie
Zone annexée par la Russie en 2014 (Crimée)
Situation le 10 mars 2022 :
Principaux combats en cours
Territoires occupés par l'armée russe
Voyages de l'auteur

NOTE DE L'AUTEUR

Ce récit a des allures de roman, pourtant tout est vrai. Il est la retranscription fidèle de mon journal de guerre, rédigé au cours des trois voyages successifs en Ukraine, entre mars 2022 et mars 2024. Tenir un carnet de notes permet de penser l'expérience en temps réel. Je ne prétends pas restituer les événements avec l'impartialité du journaliste de terrain, encore moins contextualiser l'invasion à grande échelle avec la rigueur académique de l'historien, mais simplement m'approprier les outils de la littérature pour proposer le récit subjectif de mon expérience en Ukraine. J'y fais état de la vie qui s'organise au rythme des bombardements, à l'arrière comme en première ligne, consigne les témoignages recueillis en chemin en espérant leur apporter une résonance, et tente une esquisse de ce temps hors du temps où tout ce qui fait douce la vie des hommes a été bouleversé : les paysages, les conversations, les rires, le temps qui passe, celui qu'il reste…

À l'heure où paraît ce livre, l'écho des combats retentit encore sur les plaines d'Ukraine.

PREMIER VOYAGE

Mars – avril 2022

11 mars – Une guerre aux portes de l'Europe

3 heures. Nuit blanche et café noir, quelque part dans le nord de l'Italie. À la manière des voleurs ou des amants, je préfère filer dans l'obscurité et rallier la Slovénie avant l'arrivée du jour et l'encombrement des routes. À l'arrière de mon fourgon aménagé sont entassées des caisses de matériel médical offertes par la pharmacie du quartier et l'église orthodoxe de Biarritz : bandages, sparadrap, antiseptiques... Les besoins à l'Est sont urgents. Je ne sais pas où je vais, juste une direction à suivre et le nom d'un village sur la carte. Le standard de la Croix-Rouge roumaine est saturé et ne répond pas à mes appels. Comme d'autres volontaires, j'ai pris le chemin de la frontière ukrainienne pour porter assistance à ceux qui fuient. Trois mille kilomètres d'asphalte monotone, de paysages endormis, de cafés chauds et de repas froids, de nuits fragmentées sur des parkings de stations-service, bercé par le râle mécanique des trente-trois tonnes et la lumière des phares qui fourmillent, une virée en solitaire

à travers la France, l'Italie, la Slovénie, la Hongrie et une petite partie de la Roumanie. Un voyage géographique vers une histoire en marche.

Avant l'invasion russe, j'imaginais l'Ukraine comme un immense nulle part. Un pays de plaines infinies et de terres noires, d'églises à bulbe, de prêtres à barbe, de centrales nucléaires et d'usines à charbon, spectres rouillés de l'époque soviétique. J'imaginais un pays en gueule de bois post-marxiste, avec des prolétaires désenchantés et des ouvriers errant sur les cendres du communisme, cette utopie du peuple par le peuple amputée par Lénine, dépecée par Staline. Passer de « Prolétaire, libère-toi de tes chaînes » à « La mort d'un million d'hommes est une statistique », quelle désillusion...

J'avais vaguement entendu parler de Taras Chevtchenko et des Cosaques zaporogues, mais j'ignorais tout de leur histoire. À l'école, on m'avait appris que l'Holodomor était une famine artificielle orchestrée par Staline pour soumettre la paysannerie ukrainienne à la collectivisation. Entre quatre et cinq millions de morts dans l'indifférence générale, car au même instant une épidémie de cécité s'abattait sur nos grands intellectuels français : Romain Rolland, André Malraux, Louis Aragon, subitement aveugles en rentrant d'un voyage à Moscou. J'avais lu quelque part que le nom « Ukraine » venait du mot slave *oukraïna*, qui signifie « confins », que Nikita Khrouchtchev avait offert la Crimée alors qu'elle était sous giron russe depuis Catherine II, et que Léonid Brejnev était né dans la région de Dnipro. Je me souviens avoir entendu les avertissements de Gorbatchev à la radio au sujet d'une escalade américano-russe et la possibilité d'une nouvelle guerre froide. C'était en 2013.

Pour moi, l'Ukraine c'était Tchernobyl en 1986, l'indépendance en 1991 et Maïdan en 2014. L'orange était la couleur de la révolution et le noir celle des terrils du Donbass, ces petites montagnes de résidus miniers éparpillées dans la plaine. Je savais que la meilleure période pour s'y rendre était le printemps, même si l'hiver avait son charme. J'avais entendu parler de la Course des châtaignes, le plus grand rassemblement sportif du pays, mais, en tant que pugiliste à mes heures perdues, l'Ukraine représentait davantage pour moi la nation des boxeurs légendaires : Lomachenko, Usyk, et les frères Klitschko, dont l'aîné, Vitali, est aujourd'hui maire de Kyiv. Voilà à peu près l'idée que je me faisais du pays en fonçant vers ses frontières.

5 heures. Le sommeil est en embuscade. Pour ne pas sombrer, j'accorde mes pensées au rythme des phares qui défilent, métronome lumineux, points de suspension dans la nuit. La voix caverneuse du Texan Calvin Russell remplit l'habitacle. Des histoires de poètes sans gloire et de gangsters déchus qui me tiennent en haleine dans ma navigation solitaire. *Crossroad, Soldier, A Crack in Time,* un blues des confins qui fleure bon la terre brûlée, le bourbon, les trains de marchandises pour Austin. Un bond musical vers l'Ouest sauvage tandis que mon véhicule file vers l'Est brutal. La France dans le dos et le vent de face, je tire des bords vers ce pays où gronde la guerre.

Dans ma jeunesse, le projet d'une Europe pacifiée semblait possible dès lors que l'on cessa de considérer la guerre comme inhérente à la nature humaine. Il suffisait de procéder à quelques réglages, d'infimes ajustements d'usage, presque rien, pacifisme par-ci, droits de l'homme par-là, afin de reléguer les meurtres à grande échelle dans les abîmes de l'histoire. Ainsi, entre deux bombardements serbes et un génocide rwandais, la population scandait à l'unisson des « Plus jamais ça ! » comme si la magie des mots pouvait conjurer la bassesse des hommes. À l'école, nous préparions des sacs de riz pour la Somalie et des aquarelles pour le Bénin. Bernard Kouchner en personne était sur place pour distribuer les ballots, preuves dans *Paris Match* à l'appui. C'était la grande époque des interventions militaro-humanitaires et de l'ingérence occidentale pour le salut des populations locales, cela va sans dire. Les forces de maintien de la paix des Nations unies étaient envoyées à la guerre avec la consigne de ne tirer qu'en cas de légitime défense, gage ultime de bonne volonté. Les États-Unis, leaders du monde libre et gardiens de l'ordre moral, ont même secouru l'Irak et l'Afghanistan en leur offrant généreusement la démocratie. À cette époque, un vent de philanthropie soufflait sur le monde, nul doute que la rédemption des peuples était proche.

Les années ont passé et nous nous sommes peu à peu rendu compte que la promesse d'un « Plus jamais ça ! » était au-dessus de nos moyens. Le 24 février dernier, Poutine a mis fin au débat en bombardant l'Ukraine. L'histoire, ce perpétuel recommencement…

Comme l'a écrit le psychanalyste anglais Donald Winnicott avec son sens du sarcasme d'outre-Manche : « Il semblerait que, quand on nous pousse à nous battre tous les vingt ou trente ans, nous prenions plaisir à pratiquer la démocratie et nous soyons capables de goûter notre liberté. »

Il faut se rendre à l'évidence : la sagesse des nations n'existe pas, la paix n'est que l'intervalle entre deux guerres. Quant au devoir de mémoire, c'est une fable qui se dissout dans l'oubli au bout de deux générations, tout au plus.

7 heures. La fatigue me serre les tempes après mille quatre cents kilomètres passés sur la route. L'idée de quitter la France pour rejoindre l'Ukraine m'a tenu en éveil les quelques nuits précédant le départ. Être pacifiste et foncer vers la guerre, c'est faire fi de toute logique et prendre le contre-pied de ceux qui la fuient. Il faut rassurer son entourage en lui disant que tout ira bien et se convaincre soi-même que ce sera le cas. Mais, une fois le départ consommé, la route purge l'esprit de ses mauvaises pensées. L'asphalte cimente la détermination et fait monter la sève à mesure que les kilomètres défilent.

De chaque côté du ruban noir, des villages drapés dans l'obscurité abritent la paix des foyers. Devant moi s'ouvre l'inconnu. Une montagne se gonfle, une vallée se creuse, une plaine se déploie. Au loin, Vénus pointe son halo lumineux et m'indique la direction de l'est.

— Allez, plus qu'une heure avant le jour !

Bientôt, une guérite de douaniers sans douaniers me signale le passage d'un pays à un autre. Ni ralentissement ni contrôle d'identité. En Europe, les frontières sont les vestiges administratifs d'une époque révolue.

Hier, lors d'une courte halte à Briançon, j'ai aperçu les premiers bus de réfugiés en provenance d'Ukraine. Ils étaient accueillis à bras ouverts par une population soucieuse d'apporter toute l'aide nécessaire. Ironie des solidarités : à quelques pas de là, un groupe de migrants guinéens tentaient de se réchauffer les mains après une nuit passée dehors. Ces SDF internationaux rompus à l'art de la clandestinité partagent désormais la détresse de l'exil avec ceux qui viennent de l'Est. L'accueil qui leur est fait n'est pourtant pas le même : « réfugiés ukrainiens » d'un côté, « migrants africains » de l'autre. Quand la subtilité du langage permet de soulager sa conscience.

9 heures. L'aurore dissout les ombres et rend au monde ses couleurs. La frontière slovène franchie, je m'engage plein nord dans les gorges de Vintgar recouvertes par les neiges de cette fin d'hiver. Après quarante-huit heures de route, j'opère une halte sur les rives du lac de Bled pour me reposer les yeux et me dégourdir les jambes. L'endroit semble tiré d'un roman de Tolkien, avec des falaises abruptes châtiées par les vents et une forteresse centenaire qui domine les eaux calmes du lac. En contrebas, l'église Sainte-Marie et son campanile de pierres poreuses, les graines de blé noir. Il y a du mystère dans ces paysages de montagnes et de pierres taillées, comme un secret qui se dérobe : un lac au fond d'une vallée, une chapelle sur un îlot, un château sur

une falaise. Les noces du profane et du sacré : « Un roi chantait en bas, en haut mourait un dieu. »

Le soir venu, je m'installe sur les berges de la rivière Bohinjka pour observer les truites dans l'ombre d'un pont de pierre. Tout est si calme. Mais le charme est soudainement rompu par un groupe de chasseurs qui se met à mitrailler le ciel. Des coups de feu en cadence laissant peu d'espoir aux migrateurs ailés. Et à mille kilomètres de l'Ukraine, j'ai l'impression de percevoir les premiers échos de la guerre.

Après une nuit aussi fraîche que réparatrice, je reprends la route avec l'ambition d'atteindre la Hongrie avant midi et la Roumanie avant le soir. Je profite des heures de voyage pour ajuster mes connaissances du conflit en écoutant une série d'émissions radiophoniques. Se succèdent au micro : des experts en géopolitique, géostratégie, prospective, professeurs émérites au Collège de France, officiers militaires, humanitaires, historiens, géographes, écrivains, analystes et polémistes, enfin tout ce que les ondes hertziennes comptent comme professionnels du flair et de l'instinct, et qui, malgré leur expérience et les avertissements des renseignements américains, n'ont pas su prévoir l'invasion russe du 24 février.

Bref, voici en quelques mots ce que j'ai retenu de la situation au moment où je fonce vers l'Ukraine :

Deux pays anciennement liés sous la bannière des républiques socialistes soviétiques se livrent aujourd'hui bataille. Les Russes agressent, les Ukrainiens résistent. Un État-nation en construction face à un empire nostalgique de sa sphère d'influence. Le Kremlin défend « la thèse de la continuité » et affirme l'unité des peuples de Russie. S'étant émancipée de la nation mère en 1991, l'Ukraine n'aurait selon cette logique historique aucune légitimité d'indépendance. C'est comme ça que Poutine fonctionne. Pendant qu'en Europe on « déconstruit » le roman national, en Russie on réécrit l'histoire pour parvenir à ses fins.

Depuis l'effondrement du bloc soviétique, les États-Unis souhaitent isoler la Russie par sa partie occidentale, en intégrant l'Ukraine dans un ensemble européen et atlantiste. Stratégie intolérable pour les dirigeants du Kremlin, qui y voient une version moderne de l'opération Barbarossa.

En 2014, le rapprochement avec l'Ouest franchit un cap décisif. Une révolution populaire dite d'Euromaïdan évince le président pro-russe Ianoukovitch au profit d'un président pro-européen. Le nouveau pouvoir qui se met en place à Kyiv est alors dénoncé par Moscou, mais aussi contesté par les populations russophones de certaines régions du sud et de l'est de l'Ukraine, qui manifestent à leur tour contre la révolution de Maïdan. L'abrogation, le 23 février 2014, de la loi sur les langues régionales, retirant le statut de langue officielle au russe dans les régions de l'Est, finit de mettre le feu aux poudres. Profitant de la transition du pouvoir à Kyiv, Moscou annexe la Crimée en mars. En avril, les villes de Donetsk et Lougansk font alors sécession, appuyées par la Russie. C'est le début de la guerre du Donbass. Entre 2014 et 2020, le conflit a causé plus de treize mille morts dans les deux camps. En 2019, Volodymyr Zelensky remporte l'élection avec 73,22 % des suffrages sur un programme de réintégration des régions annexées. Les choses vont alors s'accélérer.

Le 24 février 2022, coup de tonnerre sur des années de paix en Europe. L'armée russe déploie une vaste « opération spéciale » pour envahir l'Ukraine. Quatre offensives sont lancées simultanément : deux au nord sur Kharkiv et Kyiv, une à l'est dans le Donbass et une au sud sur Marioupol. Les premiers jours se succèdent bombardements massifs et frappes stratégiques sur les états-majors de l'armée ukrainienne, les aéroports, les raffineries, les entrepôts de munitions. Cent cinquante mille hommes et des milliers de blindés sont déployés sur les différents théâtres d'opérations. Mais si l'armée russe excelle dans la destruction des cibles stratégiques, elle peine à livrer une guerre d'occupation sur un territoire aussi étendu que l'Ukraine. La guerre éclair de Poutine s'enlise ! C'est l'un des nombreux paradoxes de cette armée : elle est capable de faire disparaître l'Europe ou les États-Unis sous les feux nucléaires, mais sans infanterie en nombre suffisant, elle piétine devant les lignes de défense de l'armée ukrainienne.

Par cette intervention, les Russes souhaitaient donner une leçon d'obéissance aux Ukrainiens. Seulement, envoyer l'armée chez les voisins pour les convaincre de rester dîner, c'est un peu comme allumer une bougie au lance-flammes. Car les Ukrainiens du XXIe siècle n'entendent pas courber l'échine pour servir la soupe. L'allégeance à la mère patrie, les ordres centralisés du Politburo et l'alphabet à vingt et une consonnes, ils ne veulent plus en entendre parler. Aujourd'hui, la liberté coule dans leurs veines de Cosaques aussi sûr que l'étoile Polaire brille dans le ciel d'hiver.

Dans les discours officiels du Kremlin, les références religieuses et la vision messianique de Poutine sont de plus en plus présentes. Le 6 mars dernier, le patriarche Kirill, soutien sans faille de Vladimir Poutine, présente la guerre comme un conflit métaphysique, une croisade contre le mal durant laquelle chaque soldat tombé au front sera automatiquement lavé de ses péchés. Voilà donc une puissance nucléaire engagée dans une guerre sainte.

De l'autre côté, en dépit de l'avis définitif de nombreux experts occidentaux prévoyant la victoire de l'armée russe en quelques jours, la résistance s'organise sous la voix d'un seul chef : Volodymyr Zelensky. « J'ai besoin de munitions, pas d'un taxi ! » lance-t-il lorsque Joe Biden lui propose d'être exfiltré vers les États-Unis. Quoi qu'on puisse penser de la légitimité du président ukrainien et de ses rapports sulfureux avec l'oligarque Ihor Kolomoïski, il semble que Rousseau avait raison : les grandes occasions font les grands hommes. Le chef de guerre a supplanté le comique de télévision, le treillis a remplacé le nez rouge, Churchill a détrôné Coluche.

12 mars – Arrivée en terres roumaines

Je traverse la Hongrie d'une traite et franchis la frontière roumaine peu avant la nuit. Vérification des documents, carte d'identité, permis de conduire, assurances. Tout est en règle. L'agent des douanes ne prend même pas la peine de vérifier la cargaison et me laisse filer dans les dernières heures du jour. Quelques kilomètres après mon entrée en Roumanie, le moteur du camion se met à chauffer sérieusement, me contraignant à faire une halte dans une station-service pour contrôler les niveaux. Une clé anglaise dans la poche, un chiffon sur l'épaule, la main en visière pour se protéger de la lumière des phares, le pompiste a l'œil hagard de celui qui a fait une sieste trop longue. Il baragouine quelques mots dans un français approximatif, plonge sous le capot pour arroser le radiateur avec de l'eau froide, vérifie le niveau d'huile et ajoute un demi-litre de liquide de refroidissement au moteur.

— Vous allez où ?

— Sighetu Marmatiei, de l'autre côté des montagnes.

— Ça devrait tenir jusque-là.

Avant de partir, je l'interroge sur les risques d'enneigement en haut du col et l'état de la route. Il hausse les épaules comme si ma question n'avait pas de sens. Je n'insiste pas.

À l'asphalte homogène des autoroutes hongroises succède une nationale chaotique constellée de nids-de-poule. La route s'élève lentement au-dessus de la plaine, grimpe entre les falaises de gneiss et de granit, disparaît sous le couvert des forêts de hêtres, franchit le col enneigé qui sépare les villages entre eux et maintient la paix entre les hommes. J'arrive finalement au cœur de la nuit à Sighetu Marmatiei, au confluent de la Tisza et de l'Iza. Il fait moins 13 degrés. Une soupe comme repas et un coin de forêt pour dormir. Je m'effondre après cinq jours passés sur la route.

13 mars – Sighetu Marmatiei –
Carpates roumaines

Tiré des épaisses brumes de mon sommeil au son du *toacă* de l'église de Sapanta (quelques coups frappés par le prêtre sur une planche en bois pour signaler aux fidèles l'heure de la messe), j'ouvre les portes du fourgon et découvre avec curiosité les paysages que la nuit avait occultés. Les Maramures, cette région paysanne du nord-ouest de la Roumanie où les hommes fauchent encore l'herbe à la faux. Un univers pastoral de champs dorés et de meules de foin, où les brebis partagent le territoire des meutes de loups, où les bêtes de somme tirent des charrettes en bois sur des routes poussiéreuses, où la pierre des habitations est noircie par la fumée de l'âtre et le défilement des siècles. Au loin, les Carpates portent les couleurs de l'hiver. Surplombant les parois minérales comme une chevelure d'encre au-dessus d'un front pâle, d'immenses forêts noires coiffent le sommet des montagnes et apportent un soupçon de contraste à cet océan de blancheur. Dans ces jours de brève clarté, il demeure une impression de temps suspendu et de paix profonde. Pourtant, à quelques kilomètres de là, un peuple meurt sous les bombes.

Depuis deux jours, un vent glacial venu de Russie s'abat sur la région comme un présage sur l'avenir. Les gens d'ici l'appellent le mouscal, ce souffle du nord qui balaye les vastes plaines et pénètre le corps jusqu'à l'os. Sous les barnums du centre d'accueil, les volontaires font bouillir l'eau pour le thé et préparent les vêtements chauds. À Sighetu Marmatiei comme à Medyka en Pologne, à Zahony en Hongrie ou à Oujhorod en Slovaquie, les postes-frontières se sont transformés en véritables carrefours des solidarités, des points de convergence entre les hommes où les mains tendues et les bras ouverts réchauffent le cœur de ceux qui n'ont plus rien. On y accueille les femmes, les enfants, les vieillards partis sur la route en voiture ou à vélo, le plus souvent à pied. À peine un sac jeté sur le dos ou une valise traînée dans la douleur. C'est tout ce qu'ils ont pu prendre avant l'arrivée des Russes, tout ce qu'il reste d'une vie passée. Les hommes sont restés au pays pour se battre. Certains d'entre eux accompagnent leur famille jusqu'à la Tisza, cette rivière qui sépare l'Ukraine de la Roumanie, la guerre de la paix.

La veille de mon arrivée sur la frontière, je parviens à dégoter le contact de Cornelia Hotea, coordonnatrice de l'association roumaine de l'ordre de Malte, chargée de préparer les convois humanitaires pour l'Ukraine. Avec sa pèlerine à col montant et son fichu noir sur la tête, elle a l'allure d'une chiffonnière du siècle passé. Le teint pâle, les cheveux sombres, la silhouette efflanquée et la voix fluette, une légère disharmonie faciale faisant pencher sa figure vers le sol comme un signe supplémentaire de dévotion, Cornelia est un être dont les dispositions physiques témoignent de ses qualités morales. Sobriété du corps et grandeur d'âme. Une vie vouée à celle des autres. Dans les sous-sols de l'église apostolique, nous passons une partie de la matinée à répartir le matériel acheminé depuis la France, puis, une fois l'inventaire terminé, elle me conduit sur la frontière pour me présenter le reste de l'équipe et m'expliquer le fonctionnement du centre d'accueil :

— Tu pourras comprendre comment on s'organise ici. Et si tu veux te rendre utile, on pourra certainement te trouver quelque chose à faire.

Le village de Sighetu est l'un des principaux points de passage entre l'Ukraine et la Roumanie. On y vient des quatre coins de l'Europe pour prêter main-forte : professionnels de l'humanitaire ou bénévoles philanthropes, tous ceux qui, ne pouvant rester les bras croisés devant la tragédie, se sont précipités pour porter assistance à ceux qui fuient. Parmi eux, Claude, un pompier d'Hendaye venu avec quatre collègues pour rejoindre les rangs de la solidarité internationale. Après avoir acheminé une cargaison de matériel médical, ils embarquent dans leurs fourgonnettes cinq enfants et quatre adultes qui souhaitent rejoindre leur famille en France. Je rencontre également Christophe et Barbara, partis il y a trois mois pour traverser les Carpates à la force des jambes et qui, au premier jour de guerre, se sont déroutés vers la frontière pour prendre part à l'accueil des réfugiés. Sur ce poste-frontière d'ordinaire si calme, on trouve des infirmiers italiens, des chauffeurs allemands, des traducteurs roumains, des psychologues pour enfants, des prêtres orthodoxes, des bénévoles de l'Unicef ou de l'ordre de Malte.

Dariia et Mykola, quinze et seize ans, font partie de ces millions d'Ukrainiens condamnés à choisir entre « la valise ou le cercueil ». Partis de Kyiv, où ils habitaient, ils sont arrivés en Roumanie après plusieurs jours d'un voyage cauchemardesque. Mykola est originaire de Donetsk, capitale de la région séparatiste du Donbass. Les larmes aux yeux, il me raconte :

— Nous avons fui l'est de l'Ukraine en 2014. Nous pensions être en sécurité à Kyiv. Mes parents ont acheté un appartement une semaine seulement avant le début de la guerre. Quelle tristesse. J'ai aussi de la famille à Marioupol, mais l'électricité est coupée dans toute la ville et nous n'avons plus de nouvelles depuis presque dix jours. S'il vous plaît, racontez notre histoire. Il faut que le monde sache…

Leur salut : une autorisation provisoire de séjour au sein de l'Union européenne, de la famille en Allemagne et un anglais approximatif pour communiquer. Quant à l'accueil qui les attend, on peut dire que la guerre a inversé les systèmes de valeurs à l'égard des réfugiés. Si l'accent roulant des pays de l'Est faisait autrefois baisser les yeux, il fait désormais tendre la main.

En attendant leur départ vers l'Ouest, Dariia et Mykola sont logés dans les sous-sols de l'église orthodoxe, transformés en dortoirs de fortune. Une salle des murmures qui sent la sueur, la pisse et l'angoisse. Quarante-cinq femmes, enfants, vieillards y sont entassés dans l'ombre le temps qu'on les fasse quitter la zone. Julia Stan, officier de la police des frontières et volontaire en dehors de ses heures de service, me confie être dépassée par les événements :

— Hier, une femme s'est séparée de son mari au check-point ukrainien. Elle s'est avancée sur le pont, seule. J'ai vu son corps chanceler, elle n'arrivait plus à marcher. Je me suis alors portée à son secours et elle s'est effondrée dans mes bras. C'est terrible, je n'avais jamais vécu ça.

D'un revers de manche, elle s'essuie les yeux avant de reprendre :

— Chacun arrive avec son histoire, chacun porte un drame qui lui est propre. On aimerait les aider tous, au moins un peu, et combler d'amour le vide que la guerre a creusé. Vous savez, c'est un spectacle très dur. On se sent des leurs sans l'être tout à fait. On capte leurs souffrances, comme si le poids de la tragédie pouvait être contenu dans un regard mouillé ou dans une main qui tremble.

15 mars – Nouvelles d'Ukraine

Ce matin, j'ai reçu un mail de mon ami écrivain Cédric Gras, envoyé depuis l'oblast d'Odessa :

Salut camarade,

J'espère que tu vas bien. J'ai vu que tu étais en Roumanie. Tu comptes passer la frontière ? Je suis dans le sud du pays, en route pour Odessa. Je suis passé par la Moldavie. C'était sport ! Bien failli avoir quelques ennuis avec le SBU, les services secrets d'Ukraine. Comme tu le sais, je n'ai qu'une nationalité mais deux passeports pour jongler selon les pays. Dans l'un, j'ai une belle adresse en France et des pages remplies de visas russes. L'autre est parsemé de vieux tampons ukrainiens. Je l'ai fait renouveler en 2013 au consulat français de Kyiv lorsque je vivais dans le Donbass. Avant de partir, je l'ai rouvert à la première page. Une photo vieille de dix années et un domicile rue Universitetskaïa, à Donetsk. Autrement dit en pleine République populaire séparatiste. Mauvaise idée. J'ai choisi le premier.

Dans le train de Bucarest au Danube, j'ai pensé à ce qui a toujours fait mon sauf-conduit dans ces régions. Je parle russe. Au poste-frontière, je suis rassuré que les douaniers parlent russe comme la plupart des habitants du sud de l'Ukraine. Passage express pour rentrer. Quinze kilomètres de véhicules embouteillés pour sortir. Les bombardements annoncés sur Odessa n'ont pas eu lieu mais le flux reste régulier. Une vague migratoire en partie sans retour.

À Izmaïl, la première ville, mon photographe a immortalisé discrètement les soldats du check-point. Ils l'ont vu. Ils ont accouru aussitôt, tendus, doigts sur la détente, pour nous poser mille questions. Tiens-le-toi pour dit ! Pas de photos aux check-points ! Quand ils ont feuilleté mon passeport, j'ai vu leurs sourcils se froncer. Tchoukotka, Iakoutie, mer Blanche, et j'en passe. Toutes les

Russie ou presque comme on dit. Les militaires étaient suspicieux. Comment distinguer un espion russe d'un Ukrainien russophone ? La chose est parfois subtile. J'ai répondu à leurs questions dans la langue de Pouchkine. Le SBU nous a finalement relâchés après deux bonnes heures d'interrogatoire en cellules séparées durant lesquelles je n'ai entendu aucun mot en ukrainien, ni dans les couloirs, ni parmi les fumeurs à l'entrée, ni dans les insultes adressées à Poutine.

Je continue ma route vers Odessa.

CÉDRIC

16 mars – Poste-frontière, carrefour des solidarités

Malgré l'absence de consignes précises, mes journées sont réglées comme du papier à musique. Une partition en six mesures :

1. Réveil au son des cloches de l'église de Sapanta.
2. Brin de toilette dans la rivière.
3. Je retrouve Cornelia, Barbara, Christophe et les autres volontaires au poste-frontière pour l'accueil des réfugiés. Café chaud, vêtements chauds, cellule psychologique, organisation des transferts.
4. Distribution de jouets pour les enfants le long du pont en bois.
5. Le midi, je mange un sandwich en discutant avec les autorités locales.
6. Le soir, je bois un coup au village pour oublier que j'ai pleuré devant ces gens qui fuient la guerre.

Ce matin, on a entendu des hurlements en provenance de la rivière. Une femme qui traversait le pont s'est mise à insulter copieusement le ciel avec des noms d'oiseaux que je ne connaissais pas. Son corps était traversé de spasmes terribles, son visage portait les couleurs de l'horreur. Elle était jeune, innocente, fragile, mais sa jeunesse avait fondu d'un coup, soufflée par la guerre. Au moment de franchir le pont, elle s'immobilisa au-dessus des eaux comme une âme damnée au-dessus du Styx. Sa conscience s'enraya, incapable de se faire une raison. Sur la rive droite : les souvenirs fumants de ses rêves disparus. Sur la rive gauche : l'abysse sombre et froid de l'exil.

Résignée à ne pouvoir réclamer justice dans un monde sans morale, elle hurlait sa colère en maudissant les hommes pour cette vie qu'ils lui volaient. Un psychologue s'avança lentement vers elle et se risqua à quelques mots d'usage. Elle lui signifia son refus catégorique de converser en lui balançant une gifle magistrale sur la joue. L'officier des douanes donna l'ordre à ses hommes d'intervenir.

Menottes. Sédatif. Infirmerie. Cellule psychologique.

Et chacun reprit sa place en silence.

17 mars – Les arbres et la nuit

Pour m'extraire des émotions du jour, j'établis mon campement en dehors de la ville, sur les rives de la Tisza, royaume en paix aux frontières de la guerre. Loin des zones de combat, j'ai pourtant l'impression de capter son rayonnement tragique, ses parfums de larmes. Aux heures froides de la nuit, j'imagine les « Orques » venus du Nord marcher vers les grandes plaines d'Ukraine. J'imagine le concert des missiles et le grondement des bombes, les villages meurtris, les visages clos. Pourtant, tout est si calme autour de moi. Rien que le bruissement du vent dans les feuilles, le roulement des galets qui se heurtent, le murmure paisible des flots. À l'approche du crépuscule, le vent cesse et la forêt s'embrume. Les Carpates font partie de ces lieux qui fascinent pour des raisons inconnues.

Enfoncé à quelques mètres de mon campement, un étrange monument de bois se mêle aux arbres de la forêt. C'est une église vernaculaire avec son clocher élancé et ses toits couverts de bardeaux. Plusieurs fois par jour, un prêtre orthodoxe frappe la simandre avec un maillet pour convoquer les fidèles à l'office religieux. Les cloches sonnent, la forêt chante son allégeance au sacré.

À 21 heures, la température passe sous la barre des moins 10 degrés. J'allume quelques bougies pour réchauffer l'habitacle, fais bouillir la soupe, feuillette quelques pages de Panaït Istrati, et pénètre l'épaisse chaleur de mon sac de couchage pour faire disparaître l'angoisse.

18 mars – Le pont aux jouets

8 heures. Chaque matin, Cornelia et son équipe de volontaires organisent des maraudes et disposent des

peluches le long de la balustrade en bois du pont de Sighetu.

— Vous savez, c'est toujours les gosses qui trinquent quand les adultes perdent leur humanité. Alors on sème des jouets à l'aube comme on sèmerait des graines au printemps, histoire de voir fleurir un peu de joie dans le cœur des enfants.

La veille de mon départ du Pays basque, Uhaina, cinq ans, et Maïana, trois ans, les filles de mon voisin Caesar, m'ont chargé d'offrir leurs peluches préférées à des enfants dans l'urgence. L'histoire s'écrit aussi de petits gestes anonymes. Je m'acquitte de la mission et dépose les jouets sur le pont aux premières heures du jour.

Quelques minutes plus tard, une mère et son jeune fils s'aventurent à pied au-dessus de la Tisza, un sac sur le dos, des larmes plein les yeux. Heureusement, la magie des jouets opère, le visage de l'enfant s'éclaire. D'un hochement de tête, sa mère lui fait signe d'en choisir un. Il hésite un instant, s'accroupit finalement pour passer en revue les différents modèles, monstres magiques, animaux merveilleux, considère les formes et les couleurs, prend en compte la taille, le poids, compare les textures, et après quelques secondes de réflexion il choisit le petit chien à la robe clairsemée qui faisait autrefois le bonheur d'Uhaina.

Comme l'a écrit Erri De Luca : « Il existe une économie de la gratuité, quelque chose en échange de rien mais comme symbole de beaucoup. » Un geste anecdotique, des jouets disposés sur un pont, mais qui permet à ces enfants de s'évader un peu, le temps d'un triste passage de frontière.

22 heures. Restaurant Kispipa près du Musée ethnographique. J'avale ma troisième vodka et commande une soupe au bœuf. Je suis ivre et fatigué. Le patron parle français et s'invite à ma table. Il s'appelle Ionut. Il vient de Bucarest. J'apprends que son père était carrossier et sa mère rempailleuse de chaises, comme dans un roman de Zola. Je lui demande s'il apprécie la littérature, il me répond qu'il n'a pas le temps de tourner des pages en s'abîmant les yeux. Lui, ce qu'il aime, c'est le septième art, le cinéma français en particulier, pour son sens du dialogue et de la repartie, ses tirades rythmées comme des vers de poésie, la gouaille des acteurs, leur impertinence et la grande beauté des actrices.

En remplissant nos verres, il me révèle que la Roumanie est le miroir de la France en Europe de l'Est. Puis il se hasarde à comparer le bout de citron qui flotte dans sa vodka à sa langue maternelle, précisant que le roumain est une île latine entourée de mers slaves. J'apprécie la métaphore et lève mon godet aux îles et aux Latins. Puis la discussion s'oriente vers le terrain glissant de la géopolitique. La taverne : piste verte des débats sans fond. Nul besoin de prérequis, elle est accessible à tous. En cause, les Américains qui mettent leur nez partout en soufflant sur les cendres de la guerre, les banquiers qui pourrissent les relations humaines et les « wokes » qui travestissent le monde. J'ai toujours considéré les bistrots comme de fabuleux gueuloirs, ces hauts lieux de confidence où la nuance est bannie, où l'on pratique le raccourci, la mauvaise foi, l'absolutisme, où chacun devient expert en lieux communs et s'évertue à n'exprimer que des platitudes. Ionut est révolté le temps d'un verre puis résigné au second. Quant à moi, trop heureux de converser sans chercher mes mots, je me lance dans une logorrhée embrumée par l'alcool, énumérant pêle-mêle les raisons qui m'ont mené ici : la guerre, l'injustice, les hommes, tout ça.

— Ah, les hommes ! dit-il.

— Oui, les hommes, je fais.

— Croient plus en rien, les hommes.

— Si, à ce qu'on leur dit à la télé.

— C'est bien ce que je dis. On est passé du divin au divan sans s'en rendre compte. Mais tu vas voir qu'avec la guerre et les coupures d'électricité la télé va s'éteindre et Dieu va reprendre du service.

19 mars – Un convoi pour l'Ukraine

9 heures. J'ai mal aux tempes et la langue sèche. Promenade matinale le long de la voie ferrée, histoire de rallumer la chaudière. Près du poste de triage, un camionneur redresse la tôle de son pare-chocs avec une masse de cantonnier. Le son de la ferraille se mêle à celui des cloches que l'on sonne pour annoncer l'office des laudes. Ça sent le soufre et la misère. De l'autre côté de la rue, un groupe d'enfants dessine dans la poussière en attendant le bus pour l'école, une bergère fait traverser son troupeau de bêtes à quatre pattes sur le passage

destiné aux animaux à deux pattes, des hommes fument leurs cigarettes sans parler. Au croisement de l'avenue principale et de la rue Nicolae-Titulescu qui file vers l'Ukraine, devant l'échoppe du boulanger, un mendiant et son berger d'Anatolie sont étendus comme des corps morts sur un lit de vieux journaux. Blotti contre son maître, l'animal réchauffe cette créature sans pelage abandonnée par les siens dans la froideur de l'hiver.

Une semaine s'est écoulée depuis mon arrivée en Roumanie. Les réfugiés continuent d'affluer depuis l'Ukraine alors que la guerre s'enlise à l'est du pays. Ma cargaison de médicaments livrée, je me retrouve sans véritable projet sinon celui d'aider. Malheureusement, ma bonne volonté n'efface pas les barrières de la langue. Je ne parle ni le roumain ni l'ukrainien, ce qui limite mon champ d'action. J'inscris mon nom sur le registre des volontaires pour le transport des réfugiés, mais pour l'heure personne ne souhaite se rendre en France. Je patiente alors quelques jours et mets à profit mon temps libre pour documenter la situation sur place. *Le Journal du dimanche* propose de publier mes récits (je précise ici que c'était avant son rachat brutal par Bolloré et l'extrême droitisation de son contenu éditorial). Aucun journaliste français dans les parages, je troque la croix rouge pour le stylo.

À une époque placée sous l'égide du chiffre et de l'image, on peut se questionner sur la valeur de quelques mots écrits en noir sur une feuille blanche. Pourtant, ils sont essentiels… Depuis la révolution digitale et la mise en service sur nos smartphones d'applications d'actualité en temps réel, nous sommes abreuvés par un flot incessant de « contenus » qui nous détache de la réalité et nous réduit à la passivité face aux grands bouleversements du monde. Devant cette information usinée en série et simplifiée à l'extrême, devant ce taylorisme informatif bourré de sensationnalisme bon marché, d'articles « putaclics », de fake news – les citoyens devenant à la fois émetteurs et récepteurs de l'information –, je crois aux vertus immuables du grand reportage, de ses nuances, de ses perspectives, de sa profondeur, d'une littérature du terrain capable de bousculer le diktat des algorithmes en proposant une immersion à hauteur d'hommes. Sentir, écrire, témoigner et, par un subtil mélange de la retranscription des faits et de l'émotion vécue, donner du sens aux convulsions de l'histoire.

À ce moment de l'aventure, je suis rejoint par l'écrivain français Lodewijk Allaert. Tour à tour enseignant à la faculté de sciences politiques de Györ, en Hongrie, puis kayakiste sur le Danube de Budapest à Istanbul, Lodewijk a également traversé les Carpates à pied depuis Bratislava jusqu'au delta du Danube, en Roumanie orientale. De quoi nourrir quelques discussions sur la région après nos longues journées passées sur la frontière. Il devait gagner la Pologne pour donner un coup de main à l'accueil des réfugiés, et puis, apprenant que j'étais plus au sud, dans la région des Maramures, il a changé ses plans et parcouru quelques centaines de kilomètres de plus pour me rejoindre.

— C'était important pour moi de revenir ici. Il y a

quelques années, j'ai passé du temps dans les montagnes ukrainiennes. Quand j'avais soif, on me donnait de l'eau. Quand j'avais faim, on me tendait du pain. Quand j'avais besoin d'aide, l'autre devenait un ami. C'est à peu près l'idée que j'ai gardée de la solidarité.

Très vite, une opportunité se présente d'accompagner un convoi humanitaire en Ukraine. Des médicaments et du matériel de première nécessité pour le centre d'urgence installé sur le parvis de la gare de Lviv. L'ouest du pays étant peu touché par les attaques, nous décidons de tenter l'aventure. Tôt dans la matinée, une cohorte de cinq fourgonnettes remplies jusqu'à la gueule franchit le pont aux jouets en direction du nord.

— Vous transportez des armes ?

— Non.

Fin de l'interrogatoire. Deux minutes plus tard, nous sommes en Ukraine. L'idée de pénétrer un pays en guerre me paraissait complexe. Passer de l'idée à l'acte fut finalement très simple.

À peine la frontière franchie, nous sommes arrêtés par des hommes en armes qui tiennent un check-point en pierre. Ils font partie de la Défense territoriale et traquent les espions russes dans tout le pays. Parmi ces volontaires en uniformes dépareillés, on trouve quelques braves aguerris aux techniques de combat mais surtout de jeunes étudiants imberbes, des boulangers enfarinés, des vieillards déguenillés, des paysans courbés… En Ukraine, la résistance est une affaire d'honneur national. Au-dessus des sacs de sable, un drapeau ciel et blé ondule dans les airs. À ses côtés, la bannière rouge et noir de l'UPA rend hommage à l'armée insurrectionnelle et rappelle que, un siècle auparavant, les Ukrainiens se battaient déjà contre les Soviétiques.

Quelques heures suffisent au convoi pour s'extraire des montagnes et pénétrer la grande plaine d'Europe du Nord. La route trace son sillon dans le piedmont, les reliefs s'estompent, les résineux laissent place à l'herbe jaune. Dans ces paysages de rase campagne, la mélancolie des hameaux semble endeuiller la région tout entière. Le front est loin mais la guerre est là. On peut la sentir sur les visages. À chaque poste de contrôle, nous louvoyons entre les obstacles antichars et les sacs de sable. Environ deux millions de réfugiés ont fui l'est du pays pour la Galicie et la Transcarpatie. Dans un élan de solidarité nationale, les habitants de la région ouvrent leurs portes et accueillent autant que possible. On installe des lits dans les théâtres, des dortoirs dans les écoles, des points de distribution de nourriture sur les trottoirs. À tous les coins de rue, de larges poêles en fonte crachent le feu pour la soupe.

Il nous faut six heures pour parcourir trois cents kilomètres et rallier Lviv. Trois jours auparavant, une salve de missiles balistiques tirés depuis la mer Noire a anéanti un dépôt de carburant dans sa banlieue est. Heureusement, aucune frappe n'a pour l'instant touché les quartiers résidentiels du centre-ville.

Nous installons nos quartiers à l'hôtel Kayser, près de la place de l'opéra. Les chambres du rez-de-chaussée ont été réquisitionnées pour les réfugiés et les blessés rentrés du front. Dans le couloir, nous croisons Igor, un soldat de dix-huit ans blessé au bras et rescapé du siège de Marioupol. Tendre figure d'un jeune homme qui porte déjà le poids de l'horreur dans les yeux. Sa voix tremble. Il souhaite nous raconter son histoire mais l'émotion l'empêche de parler. Il dégaine alors un téléphone de sa poche et nous dévoile par l'image ce que les mots n'ont pu dire. La vidéo dure trente-neuf secondes, le temps nécessaire pour deviner les corps fumants de ses camarades de régiment éparpillés sur l'asphalte derrière un tank en feu.

Nous sommes interrompus par une sirène d'alarme antimissile, la première.

— Il y a un abri au sous-sol. Vous pouvez y aller. Mais vous verrez, bientôt vous ne l'entendrez même plus.

Au sous-sol, des gamins ont organisé une course de voiturettes autour d'un guéridon en formica. Les enfants rient, les adultes pleurent. Nous profitons de l'instant pour télécharger l'application « Air Alert » afin de connaître la durée des frappes aériennes en temps réel. S'il est tiré de la mer Noire, un missile mettra quinze minutes avant d'atteindre sa cible, vingt minutes depuis le territoire russe. Les connexions Internet sur l'ensemble du territoire sont assurées par le réseau Starlink de SpaceX. Des milliers d'antennes paraboliques ont été livrées dès les premiers jours de guerre et permettent aux Ukrainiens de rester connectés alors que l'armée russe continue de pilonner les infrastructures de télécommunication du pays.

21 mars – Nouvelles de la mer Noire

Deuxième mail de Cédric Gras :

Salut camarade,

Bien rentré en France après une dizaine de jours passés en Ukraine. Laisse-moi te raconter notre arrivée à Odessa dans une ambiance de veillée d'armes. Comme tu le sais, la ville est russophone comme de vastes pans de l'Ukraine. Depuis la chute de l'URSS, le pays s'accommode d'un bilinguisme généralisé. Une diagonale partage vaguement les aires linguistiques, depuis la Moldavie jusqu'aux provinces nord-orientales. Un soir, la milice locale nous a encore interpellés. Un homme qui passait par là s'est mis à féliciter les soldats pour leur vigilance et à m'accuser de parler avec un accent de Saratov, une ville où je n'ai jamais mis un pied. Le matin suivant, toujours pas de débarquement. La ville respire un peu. Dans le centre d'Odessa, j'ai revu la statue d'Alexandre Pouchkine, le grand poète russe qui a vécu en exil sur ces rivages méridionaux. Six ans loin de Saint-Pétersbourg pour des vers censurés à la cour.

Ironie de l'histoire, l'agresseur est aujourd'hui russe. Peut-on continuer de communiquer en *rousski* quand l'ennemi est lui-même *rousski* ? Au hasard des rues, un homme me confie que depuis la guerre il s'est mis à songer en ukrainien. Une langue que, comme beaucoup de ses compatriotes, il ne maîtrise qu'à la marge. Mais depuis février dernier, il y a ce besoin de marquer la différence, de faire corps, d'être soudain ukrainien. Ou plutôt, de ne plus rien avoir de russe. C'en est fini du russe dans ce qu'il subsistera de l'Ukraine. Son usage va disparaître en une génération. Quel que soit l'héritage familial. Quelle que soit l'origine ethnique. Les gens vont désormais systématiquement transmettre à leurs enfants les mots de Taras Chevtchenko, le grand poète ukrainien, plutôt que ceux de Pouchkine. Le Kremlin est un piètre analyste. Russophonie n'est pas Russie. Cette langue est parlée dans bien des pays d'Eurasie. Elle y vit, elle s'écrit, elle se chante, et ce n'est pas un appel au secours. Elle aurait pu être un levier d'influence « doux » pour le Kremlin. Hélas, Moscou réfléchit à l'ancienne, préférant les conquêtes territoriales au rayonnement, considérant le russe comme une allégeance. Ce n'est pas Lénine qui aura créé l'Ukraine en lui octroyant des frontières, mais bien Poutine, en forgeant sa résistance. En lui offrant une guerre d'indépendance. Me revient à l'esprit cette citation de l'écrivain Tiouttchev : « *Oumom, Rossiou ne poniat.* »

On ne peut comprendre la Russie par la raison. Et pour cause, elle l'a perdue.

Tu es certainement arrivé à Lviv. Fais attention à toi. On se voit à ton retour.

CÉDRIC

22 mars – Journalisme et littérature : plume à deux faces

5 h 20. La sirène d'alarme antimissile souille à nouveau le silence de la nuit. La troisième depuis hier soir. Dehors, le jour est noir mais le sol est blanc. Les flocons de neige ont remplacé les gouttes de pluie dans le ciel d'Ukraine. D'un commun accord, nous décidons de res-

ter quelque temps à Lviv. Lodewijk écrira pour *L'Obs*, j'écrirai pour *Le Journal du dimanche*. Les consignes des rédactions sont simples : « Envoyez-nous du récit, qu'on saisisse bien l'atmosphère sur place. Racontez en écrivains, pas en journalistes ! »

Si la littérature et le journalisme ont une histoire commune, il existe pourtant de nombreuses nuances. Les journalistes traitent l'information d'un point de vue factuel, de manière supposée objective, utilisant des chiffres, des dates et une écriture instrumentale accessible au plus grand nombre. Mais parfois, trop d'informations étouffent le sujet. « Les preuves fatiguent la vérité », disait Braque, d'autant que les textes journalistiques s'inscrivent dans le temps court de l'actualité et manquent parfois de perspectives. Quant à l'écrivain, il utilise les outils et les grands thèmes de la littérature pour ancrer ses reportages dans la durée. C'est une tout autre manière de rendre compte grâce au récit subjectif. Évidemment je pense aux Kessel, Londres, Steinbeck, Hemingway, maîtres incontournables de la discipline, qui associaient avec panache la retranscription des faits et la beauté du style. Et lorsqu'on le questionnait sur sa profession, Kessel avait une très belle formule : il disait être « témoin parmi les hommes ».

Depuis le début de la guerre, les équipes de Reporters sans frontières ont installé un centre média en face de l'hôtel de ville. Nous récupérons une accréditation et installons nos quartiers d'écriture au milieu d'une légion de journalistes internationaux. L'organisation est bien ficelée, les correspondants bénéficient de lignes Internet sécurisées, de rapports militaires en temps réel, de conférences de presse quotidiennes. Un lieu de travail idéal pour effectuer nos recherches, établir nos contacts, clarifier nos notes. Sur le tableau principal, un communiqué officiel énumère les nouvelles du front : « L'armée ukrainienne a regagné la ville de Makariv, à une soixantaine de kilomètres à l'ouest de Kyiv. Cette victoire lui permet de reprendre le contrôle de l'autoroute M06, empêchant ainsi les troupes russes d'avancer vers Kyiv par le nord-ouest. Toutefois, les Russes ont pu prendre partiellement les villes de Boutcha, Hostomel et Irpin. »

24 mars – Lviv, bastion de l'aide humanitaire

Le ciel a une couleur d'eau croupie. Le thermomètre annonce moins 8 degrés. La journée sera poisseuse et froide. Du côté de la gare centrale, un camp d'urgence humanitaire a été installé pour accueillir les milliers de réfugiés. Des volontaires y distribuent des boissons chaudes, des vêtements secs, des sacs de couchage pour la nuit. La plupart d'entre eux, apeurés, transis de froid, parfois blessés, attendent dans le hall le train qui leur permettra de quitter l'Ukraine. Certains ont eu la chance de pouvoir s'abriter des bombardements dans les couloirs souterrains qui mènent aux quais. Tous les regards sont fixés sur les panneaux de contrôle, espérant sans relâche des trains qui n'arrivent pas. L'hymne national ukrainien est diffusé en boucle, entrecoupé de rares consignes pour les passagers. Lorsque, enfin, le sifflement du chef de gare annonce l'arrivée tant attendue, l'hystérie collective précipite des centaines de voyageurs sur le bord des voies. Des gens tombent, des enfants pleurent, une sirène d'alarme annonce la présence d'un missile dans le ciel. Un homme embrasse sa femme et ses deux filles en leur promettant qu'ils se reverront bientôt.

Ce matin, j'ai réussi à contacter Vasyl Kordysh, directeur du surf club d'Odessa et président de la Fédération ukrainienne. Si le pays est réputé pour ses terres noires davantage que pour son sable jaune, il existe depuis quelques années du côté d'Arcadia une petite communauté d'aficionados shootés aux vagues et aux embruns. J'aimerais proposer au journal une série d'articles sur ce bout de mer Noire, sanctuaire de la glisse transformé en bastion militaire, et dresser le portrait de ces surfeurs enrôlés dans l'armée. Un sujet symbolique et universel qui me permettrait de documenter un domaine que je maîtrise bien. Car si je suis profane de la guerre, je le suis beaucoup moins de la mer. Surfeur professionnel depuis l'âge de mes quinze ans, j'ai passé les vingt dernières années à glisser de vagues en crêtes, de neiges en tropiques, d'expéditions en compétitions. Le chemin qui m'a conduit en Ukraine est, je l'accorde, assez éloigné de ma feuille de route. Peut-être qu'un petit retour en arrière s'impose.

À l'âge ingrat où l'on ronge son frein sur les bancs de l'école en attendant de prendre le large, j'ai eu la chance de signer mon premier contrat sportif en tant que surfeur. Payé pour glisser sur l'eau et faire le tour du globe entre amis en tentant de se qualifier dans l'élite mondiale. L'idée était séduisante ! Une belle manière de mettre le pied à l'étrier en faisant voir du pays à ma curiosité. Mais si la plupart de mes camarades s'en fussent aisément contentés, je ressentis rapidement une âpre impression de trop peu. La quête de performances et de résultats sportifs ne fit que renforcer mes désirs d'aventure. Initié par mon père aux récits de Robert Louis Stevenson, de Jack London, d'Ernest Hemingway, je bouillonnais dans cet espace cloisonné des championnats. Et même si ce « sport » me permettait d'entretenir un rapport privilégié avec la mer, il fallait se rendre à l'évidence : le surfeur de compétition ressemblait davantage à un athlète qu'à un explorateur romantique.

En 2011, après une victoire en coupe d'Europe et une cinquième place aux championnats du monde, j'ai mis un terme à ma carrière de compétiteur pour me consacrer au *free surf*. Une manière de renouer avec mes rêves de gosse en réconciliant le surf et l'esprit d'aventure. Je m'engageai dans des expéditions de plusieurs mois au nord du cercle arctique ou dans les jungles de Papouasie, ski aux pieds ou machette à la main. Évidemment, la découverte de vagues inexplorées ne fut qu'un prétexte au départ. L'écriture, la photographie et la réalisation de films documentaires me donnèrent par la suite l'occasion de partager l'expérience vécue avec ceux qui rêvaient de partir à leur tour.

Et puis, un jour de 2014, tout vacille…

Ma famille est percutée de plein fouet par la tragédie. Mon petit frère Sébastien, âgé de vingt-sept ans, termine sa courte existence dans un mur en béton. Il meurt sur le coup. Le drame survient à Ushuaia alors qu'il traversait l'Argentine en stop. Vide abyssal. Le monde autour de moi s'effondre. Partir chercher sa vie, le pouce levé et le cœur plein, et la perdre dans un accident de bagnole. Y a-t-il mort plus absurde ?

Ironie macabre : à la même période, je commence à travailler en tant que réalisateur indépendant pour Ushuaia Nature, la chaîne de télévision créée en hommage à l'émission du même nom et qui, par la voix de son présentateur Nicolas Hulot, infusa à notre jeunesse le goût de l'ailleurs et l'envie de voyages. Ushuaia, ce nom quasi mythologique qui apparaît désormais au début de mes films pour me rappeler mon frère.

Les années qui suivent furent une alternance d'épisodes dépressifs et de décadences nocturnes. Je continuais à surfer mais avec les mâchoires serrées et le cœur vide. Quant à la loi des séries, elle se révéla plus perverse que prévu : un de mes amis d'enfance se noya dans l'Adour en sortant d'un pub irlandais, un autre s'endormit si paisiblement dans son lit qu'il ne se réveilla jamais, et ma fiancée, trouvant que me réconforter était aussi vain que labourer la mer, préféra mettre les voiles avec un musicien, ce qui, je dois dire, ne manqua pas de transformer l'essai.

Cauchemars démoniaques et idées noires en pagaille. Pour fuir le tête-à-tête avec moi-même, je transportais mes insomnies sous la lumière blafarde des néons. Je me prenais pour Joseph Kessel alors que je vivais dans un roman de David Goodis, *La Lune dans le caniveau* peut-être bien. Tord-boyaux, barbituriques, castagnes et fiascos sexuels. La panoplie du parfait loser. Paradoxalement, me faire du mal me faisait du bien. Quant au fait de s'accrocher à l'existence en buvant de l'eau-de-vie, j'y voyais là une cohérence implacable.

Le mariage de mes parents ne résista pas longtemps au funeste raz-de-marée qui balaya notre existence. Ma mère garda le lit des semaines durant, inconsolable, avant d'être finalement consolée dans les bras d'un autre homme. Mon père, qui avait tout perdu, sa femme et son plus jeune fils, accepta un poste à Pékin et déménagea sans attendre pour voir si le Céleste Empire pouvait remettre un peu de lumière dans sa vie. Quant à moi, je vivais le deuil de mon frère et l'explosion de ma famille comme une injustice inacceptable et rêvais d'étrangler quiconque me balançait cette niaiserie nietzschéenne : « Courage, ce qui ne te tue pas te rend plus fort. » Absolument hermétique à la mode du développement personnel et à son florilège de phrases creuses, j'ai tout de même tenté de sauver mon âme en lisant le théoricien de la résilience Boris Cyrulnik et son manifeste *La nuit, j'écrirai des soleils.* Mais rien à faire, j'avais beau tourner les pages, je ne savais plus écrire la nuit et la colère demeurait le seul astre à noircir mon ciel.

J'ai alors changé radicalement de stratégie en partant à la rencontre de ceux qui ont connu pire. Comparaison n'est pas raison, n'empêche que ça force à prendre du recul. Le Liberia dans un premier temps, pour filmer et raconter l'histoire d'ex-enfants-soldats qui utilisent le surf pour se purger des horreurs de la guerre. Puis la France, en participant aux maraudes humanitaires et en proposant l'hébergement à des migrants venus d'Afrique. Enfin l'Arménie, pour documenter le conflit avec l'Azerbaïdjan et l'exil de la population du Haut-Karabagh. L'idée n'était pas de faire taire la colère, mais de la transformer en carburant. On peut dire que le principe a plutôt bien fonctionné. Quelques années plus tard, je roulais jusqu'en Ukraine.

Le départ pour Odessa était initialement prévu demain soir. Malheureusement l'intensification des bombardements place la zone en alerte maximale. Chaque soir, des dizaines de drones s'abattent sur la ville comme des anges de mort. La plupart d'entre eux sont détruits par la défense antiaérienne, mais quelques-uns parviennent à toucher leur cible et le nombre de morts s'accroît. La population craint un débarquement imminent. Le surf club est transformé en local logistique pour entreposer des armes. La plage d'Arcadia est recouverte de mines. Vasyl nous conseille de différer notre venue.

25 mars – L'art et la guerre

Dans le centre-ville, toutes les statues ont été enveloppées avec de la mousse et des bâches de tissu antifeu. Deux hommes en équilibre sur des échafaudages installent des bardeaux de bois pour protéger les vitraux de la cathédrale de l'Assomption. Il y a quelques jours, au nord de Kyiv, le musée d'Ivankiv et sa collection d'art naïf ont été incendiés par l'armée russe. Détruire la culture d'un peuple, c'est effacer sa mémoire.

Dans *Le Livre de l'intranquillité*, journal intime de Pessoa, l'auteur portugais affirme que la vie n'est rien si l'art ne vient lui donner un sens. D'un commun accord avec Lodewijk, nous décidons de puiser dans cette thématique le matériau nécessaire à la rédaction de nos articles. L'art comme moyen de traverser la guerre, de maintenir le cap, d'encourager le sentiment de révolte et le refus d'abandonner. Il permet à l'artiste tantôt de s'évader en se projetant dans la création, tantôt de s'engager en devenant le témoin de son temps. Pour trouver des contacts, nous passons au crible les réseaux sociaux des Français d'Ukraine et téléphonons à l'Alliance française de Lviv. C'est ainsi que nous obtenons le contact d'Anastasia Levkova, journaliste et écrivaine ukrainienne.

Nous la rencontrons dans un café barricadé près de la cathédrale de l'Assomption. Un regard écrasé par la pluie et des lèvres pincées en demi-lune comme le vestige d'un sourire qui s'est éteint le 24 février dernier. Anastasia a les joues couleur vermeil et la voix douce de quelqu'un qui ne veut pas déranger. Autour d'un thé noir, elle nous présente ses sujets de recherche entamés avant l'invasion, notamment une importante collecte de témoignages des Tatars de Crimée depuis l'annexion de 2014. Pour Anastasia comme pour de nombreux écrivains ukrainiens, l'exil est un vertige : « Partir, c'est mourir un peu. » Pas question de quitter le pays. Elle partage depuis quelques jours son appartement avec sa mère et sa sœur, qui ont fui les bombardements. Elle publie quotidiennement sur Internet un témoignage de première main, un journal de guerre sous forme de chroniques littéraires, et entretient le lien entre les écrivains réfugiés à Lviv. Quand je l'interroge sur l'importance de l'art en temps de guerre, elle me rétorque comme une évidence :

— Un peuple ne tient pas grâce à son régime politique mais grâce à sa culture. Il est fondamental pour les Ukrainiens de continuer à créer. L'art et la culture composent le ciment de notre identité. Ils représentent notre désir de résister coûte que coûte.

Par son intermédiaire, nous rencontrons deux autres figures des lettres ukrainiennes : Petro Yatsenko et Anastasia Muzytchenko. Comme de nombreux autres réfugiés, ils ont quitté Kyiv aux premiers jours de guerre. Plongés dans un état d'ébranlement psychologique, ne pouvant croire que la réalité était en train de dépasser la fiction, ils se sont tous deux trouvés dans l'incapacité d'écrire. Et puis, le choc des premiers jours passé, ils ont tenté de retranscrire l'inquiétude mais aussi l'irrépressible détermination des Ukrainiens à résister. Chaque semaine, ils organisent des ateliers de lecture pour les enfants traumatisés par la guerre.

26 mars – Vodka et cocktails Molotov

Hier, le quartier de Lytchakivsky, situé dans le sud-est de Lviv, a subi deux frappes de missiles faisant au moins cinq blessés, selon le gouverneur de la région. Depuis le début de l'invasion, les Russes visent de manière systématique les infrastructures civiles sur tout le territoire ukrainien afin de terroriser la population. Aucune ville n'est à l'abri, la loi martiale a été instaurée dans tout le pays avec un couvre-feu à 22 heures et l'interdiction de vendre de l'alcool. Animés par un profond sentiment patriotique, tous les habitants du pays participent à l'effort de guerre. Ici, un théâtre est réquisitionné pour la fabrication de filets militaires. Là, une école primaire sert aux entraînements de tir. À la brasserie Pravda, les cocktails Molotov ont remplacé les bières d'abbaye. Les spécialistes du houblon fermenté organisent désormais un travail à la chaîne pour produire des explosifs artisanaux.

— On a baptisé ça « les Bandera Smoothies », c'est la version ukrainienne du cocktail Molotov, me confie Sergueï, le barman. La particularité, c'est qu'on ajoute du Styrofoam, des petites billes de polystyrène qui vont permettre au liquide incendiaire d'adhérer aux cibles. L'armée diffuse des tutoriels pour que tout le monde puisse en fabriquer. Si la guerre arrive jusqu'à Lviv, nous serons prêts.

À plusieurs occasions, nous observons des cortèges funéraires se former dans l'intimité des cours d'immeuble. La scène a beau être chaque jour la même, l'émotion, elle, est toujours nouvelle : quelques chants, une foule compacte de gens qui pleurent, des femmes défaites, avachies, dépossédées de leur grâce par les adieux déchirants d'une mère à son fils. Les fidèles s'agenouillent sur la pierre et posent une main sur le cœur. Entre deux alertes antimissiles, l'Ukraine pleure ses morts.

À la nuit tombée, le carillon de l'église orthodoxe sonne le signal du couvre-feu, la vie disparaît des rues sombres et le silence s'installe. Les unités des Forces de défense territoriale quadrillent la ville pour traquer les traîtres, espions, saboteurs et déserteurs. À partir de 22 heures, il est formellement interdit de fouler le pavé sans autorisation sous peine d'être embarqué pour un interrogatoire dans une cellule du SBU. Sur le chemin de l'hôtel, Lodewijk m'interpelle sourire aux lèvres :

— Attends-moi en haut, je vais récupérer quelques affaires à la voiture.

— Le couvre-feu commence dans cinq minutes.

— Te fais pas de bile. J'en ai pas pour longtemps.

Quelques instants plus tard, il revient à la chambre avec un sac de couchage, un pull en laine et deux bouteilles de vodka.

— J'avais peur d'avoir froid !

— Fais donc voir, 50 degrés !!! On risque plutôt l'insolation.

— Allez, je lève mon verre à la camaraderie ! Car dans ce pays en guerre où les heures pèsent lourdement sur le cœur des hommes, il est plus que vital d'avoir un ami avec qui trinquer.

Au premier verre, les nerfs se détendent. Au deuxième, l'euphorie s'installe. L'ivresse fait office de délivrance à partir du troisième. Mais la relâche est de courte durée car la besogne nous rappelle à l'ordre. Dans l'intimité des sous-toits, l'alcôve prend des allures de salle de rédaction : on reprend les notes du jour entassées dans nos carnets en cuir souple, on agence les idées, les mots s'ordonnent, les phrases s'assemblent. Bien que nous écrivions pour des journaux aux lignes éditoriales divergentes, nos récits respectifs ont en commun de reposer sur le fragile équilibre des témoignages recueillis et de l'aventure vécue. Voilà pour le fond. Pour la méthode de travail, Lodewijk et moi venons de deux époques différentes. Malgré un certain penchant pour les approches traditionnelles, je fais partie de cette génération qui répond sans ambages aux exigences de la souris et de l'écran, admettant volontiers que l'ordinateur portable est plus efficace que la feuille blanche. Pour Lodewijk, c'est tout le contraire. Disciple spirituel du poète et dramaturge anglais Edward Bulwer-Lytton, pour qui la plume est plus forte que l'épée, il observe avec déférence cette révolution digitale et entretient avec ferveur les vertus artisanales de l'encre et du papier :

— Ce que le traitement de texte gagne en efficacité, il le perd en élégance. Comment pénétrer l'âme de celui qui écrit sans un accès direct à son style ?

— Lodewijk, t'en fais pas un peu trop ?

— Pas du tout ! L'affranchissement de nos particularismes sonne le glas de l'originalité et de la dissidence. D'abord l'écriture, bientôt la pensée.

— La machine nous fait quand même gagner du temps, t'es pas d'accord ?

— Gagner du temps ? As-tu compté les heures passées devant ton écran ? Le travail assisté par ordinateur n'est rien d'autre qu'un stakhanovisme moderne, voilà tout !

— Dans une époque qui réclame du contenu en flux tendu, avons-nous seulement le choix ?

Évidemment, comme tout écrivain *vieille école* qui se respecte, Lodewijk a développé au fil des années une certaine appétence pour le désordre. Son lit est recouvert de feuilles noircies, de notes griffonnées, de livres ouverts. Le stylo quatre couleurs, arme chirurgicale du scribe moderne, permet d'opérer les corrections.

— Comment fais-tu pour t'y retrouver dans tout ce bazar ?

— « Si un bureau en désordre évoque un esprit brouillon, alors que dire d'un bureau vide ? » disait Einstein. Ne t'inquiète donc pas, ce capharnaüm répond à une logique structurée.

Nous passons ainsi nos soirées à écrire des textes et à tirer des quelques livres emportés dans nos sacs la substance nécessaire à nos inspirations littéraires. Conscients de vivre l'histoire en temps réel, hypnotisés par les sujets de nos recherches, captivés par la retranscription de nos témoignages, nous errons dans la nuit sans nous soucier des battements de l'horloge, si bien que le temps qui passe devient bientôt le temps qu'il reste.

— Plus que quelques heures avant l'aurore, il faut dormir, soupire Lodewijk.

Mais l'émotion des aventures vécues durant le jour nous empêche de fermer l'œil durant la nuit. Et lorsque, après de nombreuses tentatives infructueuses, nous pénétrons enfin les eaux dormantes de notre nuit intérieure, une alarme retentit et met fin au repos. En Ukraine, les insomnies se nourrissent au chant des sirènes antimissiles.

28 mars – La guerre, ce mauvais rêve

À l'hôtel Kayser, la plupart des chambres demeurent ouvertes pour favoriser la fuite en cas d'attaque. Pendant que les adultes somnolent du matin au soir dans la pénombre des mansardes, les enfants remplissent les couloirs d'éclats de rire. Ils jouent comme si rien ni personne ne pouvait altérer leur joie de vivre. Parfois, entre deux risées, on entend geindre un soldat blessé ou un réfugié qui pleure. En descendant à la réception, je croise une femme sans âge avec un corps robuste et des mains calleuses de paysanne. Elle tient un chapelet entre les doigts et porte une vierge dorée autour du cou. La lueur des néons creuse les ombres sous ses yeux cireux. À ses côtés, une fillette de sept ou huit ans, fagotée dans une robe à pois rouges, ne la quitte pas d'une semelle. Dans un ukrainien approximatif, je me hasarde à faire connaissance :

— *Yak vas zvaty ?* Comment tu t'appelles ?

La jeune fille me considère, impassible, et ne répond rien.

— Elle ne parle plus, me dit sa mère. Plus depuis qu'elle a vu son père être enseveli sous les gravats de notre maison, dans la banlieue nord de Kharkiv. Cette nuit-là, les ténèbres se sont abattues sur notre existence, et la petite a perdu l'usage de la parole.

Entre deux entretiens, nous explorons les rues de Lviv en nous laissant porter au gré des hasards : un coup à droite, un coup à gauche, un tour en tramway, un tour au sous-sol en attendant la fin de l'alerte. Rien de tel pour palper le pouls d'une ville blessée. Chaque rencontre fortuite devient une occasion d'en savoir plus, de cueillir les sentiments au vol. Le genre de collecte qu'affectionne particulièrement Lodewijk :

— Ces illustres inconnus rencontrés au hasard sont les témoins de cette routine bouleversée par la guerre.

J'acquiesce sans rien dire et il ajoute :

— J'ai toujours préféré le banal au spectaculaire, les non-événements, être à l'affût des petits gestes du quotidien, car c'est dans cette banalité des petits gestes que naissent les grandes histoires.

Lodewijk excelle dans l'art de dresser des passerelles entre l'anecdotique et l'universel. Son écriture parle de lumière, de sourires, de beauté. Même dans un pays en guerre, il décèle le sublime.

À l'ouest du pays, malgré les images tragiques qui inondent les chaînes d'informations, la vie continue comme si la guerre était un mauvais rêve. Les restaurants et les terrasses de café sont à nouveau remplis, on déambule dans les squares et les jardins, on respire, on vit. Sursauts d'humanité, réflexes salvateurs contre l'angoisse. Au-dessus de chaque balcon flottent des fanions et des oriflammes aux couleurs de l'Ukraine. C'est calme. On oublierait presque les drames qui se jouent à l'est du Dniepr. Mais au milieu des badauds, des hommes en armes traquent les saboteurs et les espions. Avec quatre cent mille habitants en plus depuis le début de la guerre, Lviv connaît une épidémie de paranoïa sans précédent. Lors des contrôles, la technique est simple : faire prononcer à une personne suspecte le mot *palyanytsa*. Une voyelle mal articulée et c'est fini. En russe, *palyanytsa* veut dire « fraise ». En ukrainien, c'est le « pain ».

Si, pour une large partie de la population, vivre normalement est devenu un acte de résistance, pour les autres cela relève davantage du déni de réalité. D'aucuns sont athées de la guerre comme d'autres le sont de la religion. Un sentiment qu'éprouva une majorité de Français en 1939, ceux-là mêmes qui, fraîchement traumatisés par la Première Guerre mondiale, ne pouvaient s'accorder à voir poindre la Seconde. L'esprit se bloque devant l'impensable, incapable de se faire une raison.

29 mars – Témoin parmi les hommes

10 heures. Ce matin au centre média de Reporters sans frontières, la tension est palpable. Le Kremlin accuse l'armée ukrainienne d'avoir bombardé un dépôt pétrolier sur son territoire, dans la région de Belgorod. Réprobation surprenante venant de ceux qui rasent Marioupol. À Lviv, tout le monde s'attend à des représailles. La ville est une position stratégique à bien des égards : bastion humanitaire et centre de transit pour les armes venues d'Europe.

Dans la salle de rédaction, une journaliste de la télévision italienne ajuste son gilet pare-balles. Un peu plus tard dans la journée, un train l'emportera vers Kyiv, puis Zaporijjia.

— J'ai couvert l'Irak et l'Afghanistan, mais ce n'est rien en comparaison avec la violence déployée en Ukraine. Sur les zones de front, ce sont des dizaines de milliers d'obus qui tombent chaque jour du ciel. Poutine certifie au monde entier que les frappes déployées ne touchent que des objectifs militaires. Il n'y a qu'à regarder ce qu'il se passe à Marioupol ou à Kharkiv pour comprendre que le Kremlin répand une fois de plus sa désinformation et sa propagande. Nous devons garder à l'esprit que « la première victime d'une guerre est toujours la vérité », comme disait Kipling. Alors, on prend notre courage à deux mains et on tente de faire transparaître cette vérité des conflits. Notre travail consiste à être la voix de ceux qui n'en ont plus. On a tendance à l'oublier mais l'opinion publique représente souvent une partie de la victoire dans les guerres modernes. Les nouvelles du front, le référencement des victimes et des dommages collatéraux permettent d'influer sur l'issue d'un conflit. D'où l'importance d'être sur place pour témoigner.

La guerre en Ukraine apparaît comme l'un des symptômes d'une crise globale et mondialisée. Sur tous les continents, les inégalités explosent, les démocraties vacillent, l'instabilité politique s'accroît. Le monde bouillonne des drames à venir. Le risque de conflits entre États atteint des niveaux inégalés depuis la fin de la guerre froide. Les États-Unis se préparent à un affrontement avec la Chine dans le Pacifique, l'Inde devient le premier pays importateur d'armes, les pays du Moyen-Orient s'entretuent dans des guerres fratricides, l'Afrique subsaharienne s'embrase. En Ukraine, le Donbass rappelle Verdun. En deux ans, la crise du Covid et la guerre en Ukraine ont révélé les défaillances européennes : une industrie délocalisée, une armée sous perfusion. Privée des usines chinoises et sans protectorat américain, l'économie européenne s'enraye, la défense militaire s'évente. L'Otan, cette institution en « état de mort cérébrale », est en passe de faire peau neuve.

14 heures. Lors de la visite d'un centre dédié à l'accueil des réfugiés, nous sommes contraints de passer l'après-midi au sous-sol en attendant la fin d'une attaque. Des chaises sont disposées pour les adultes, un tapis en mousse pour les enfants, et quelques lits d'appoint pour les anciens. La plupart des réfugiés sont avachis lourdement et ne parlent pas. D'autres sont rivés sur leur téléphone et suivent l'évolution de l'attaque en temps réel. Même les gosses ont perdu le goût de rire. Dans les sous-sols de la ville, le silence plane comme une ombre lourde.

En me voyant rédiger mes notes, une jeune femme engage la discussion dans un anglais approximatif :

— Vous n'êtes pas d'ici ?

— Je suis français.

— Journaliste ?

— Oui, on peut dire ça. Je collecte des témoignages pour un journal français. Vous souhaitez raconter votre histoire ?

— J'aimerais bien, oui.

Pour Daiana comme pour la plupart des réfugiés, témoigner devient une catharsis, une façon d'utiliser les mots pour purger le traumatisme et apaiser les tourments de l'âme.

— Quand tout a commencé, en 2014, j'étais activiste à Donetsk contre les pro-Russes. Mais c'est très vite devenu dangereux pour moi et ma famille. Mon nom circulait sur des listes, des gens commençaient à disparaître. J'ai préféré quitter la ville. Mon père est cardiologue et vit toujours à Donetsk. Il gagnait 1 000 euros par mois avant 2014. De 2014 à 2022, son salaire est passé à 100 euros. Aujourd'hui, avec les sanctions économiques, il ne dépasse pas les 40 euros. Comment peut-on penser que les Russes apportent le progrès ? Je me suis mariée à Marioupol l'année dernière. Nous avons même acheté un appartement. Encore une fois, il a fallu tout abandonner et mon mari s'est engagé dans l'armée régulière. Il se bat aujourd'hui dans le Donbass. Je prie pour qu'il revienne…

À ses côtés, Alexeï, seize ans, réfugié de la République autoproclamée de Lougansk. Chaque jour, il descend à pied du district de Sykhivskyi jusqu'au centre de Lviv, où il rejoint l'un des nombreux centres dédiés à l'effort de guerre. Comme lui, ils sont des milliers à être mobilisés au tissage des filets militaires. Une partie des volontaires procède à une collecte de vêtements kaki dans toute la ville, une autre les découpe en morceaux, une dernière les suspend aux filets de camouflage qui partiront aussitôt vers l'Est. La résistance de la population ukrainienne est totale.

22 heures. Entre la rédaction d'un article et la descente de trois vodkas, j'ai l'impression de marcher dans les pas de mes mentors : un hôtel miteux dans un pays en guerre, une écriture de mouche dans un carnet en cuir, du tabac blond, de la fumée blanche, manque plus que la Remington et la pipe en bruyère. Lorsque Lodewijk brandit son verre en louant le courage du peuple ukrainien, je saute sur l'occasion :

— « Le courage est la grâce sous pression », je dis comme ça, du tac au tac.

— Après Kessel, voilà que tu te prends pour Hemingway, rétorque Lodewijk, nullement impressionné.

— Et alors, se prendre pour un autre, c'est la possibilité d'aller voir ailleurs. Ça nous soigne de notre gravité, non ? Ça défrise l'esprit de sérieux.

— N'empêche que pendant la guerre d'Espagne, Hemingway était bien planqué à l'hôtel Florida, où les tournées de whisky étaient plus régulières que les rafales de mitrailleuses ! Sa troisième femme, Martha Gellhorn, elle, c'était une vraie tête brûlée, et une sacrée plume par-dessus le marché, débarquement en 44 et tout le reste, Espagne, Panama. Autant dire que le gaillard n'a pas supporté de se faire doubler sur le terrain du courage et que le mariage a vite capoté.

— Eh bien soit, je serai Martha Gellhorn.

— À Martha !

Lodewijk remplit nos verres et ajoute :

— D'ailleurs, où sont passés les Gellhorn, Malraux, Camus ? Pas beaucoup de belles plumes engagées en Ukraine. Je croyais que chaque génération d'écrivains avait sa guerre d'Espagne.

2 avril – Sur la route de Drohobytch

6 heures. Comme tous les matins, une sirène antimissile remplace le chant du coq pour annoncer l'arrivée du jour. Je tire le rideau et jette un coup d'œil dehors pour assister au spectacle des systèmes de défense antiaériens. La nuit est claire. Des myriades d'étoiles brillent dans le ciel comme autant de feux sacrés. Habitué depuis l'enfance à scruter la voûte céleste pour percer les mystères du cosmos, je guette désormais l'espace par peur d'y voir surgir la mort. En Ukraine, les étoiles tombent du ciel sur la terre en alimentant le laminoir de l'horreur.

Nous terminons le paquetage de nos affaires et prenons la route dans les premières lueurs de l'aube. À soixante-dix kilomètres au sud de Lviv se situe la ville stratégique de Drohobytch avec ses deux bases militaires et son dépôt de carburant. Entre les deux, tout est sombre, tout est triste : des paysages en noir et blanc comme une photographie d'autrefois, un ciel sans avions faisant écho aux plaines sans tracteurs, des check-points de pierre et des herses antichars, de longues cheminées d'usine crachant leur fumée pâle dans les nuages gris. Quelques jours auparavant, la responsable logistique de Reporters sans frontières nous a communiqué le contact d'Eva Raiska :

— Si vous souhaitez rencontrer des artistes dans la région, c'est la personne qu'il vous faut !

Eva sera effectivement d'une aide précieuse lors de

mes trois voyages successifs en Ukraine. Trente ans à peine, l'âge de l'indépendance du pays, et déjà journaliste, traductrice, poétesse et activiste politique en dehors de son poste de responsable de la coopération internationale et de la communication à l'administration militaire d'État de la région de Drohobytch. Une vie riche de plusieurs existences.

Lorsque nous la retrouvons dans le petit square de la cathédrale Saint-Barthélemy, elle est emmitouflée dans un long manteau noir, une écharpe autour du cou, des mitaines en laine au bout des bras. Malgré les circonstances, elle reste joyeuse par fierté et arbore un sourire lumineux au coin des yeux.

— C'est tout ce qu'il nous reste, notre humanité. Ça, ils ne pourront pas nous l'enlever avec des bombes !

J'acquiesce en souriant et elle ajoute :

— Vous écrivez des articles sur l'importance de l'art en temps de guerre ?

— C'est bien ça !

— Vous savez, l'art et la culture sont des instruments essentiels pour résister aux affres de l'histoire. Si la kalachnikov, la grenade ou le mortier sont des armes de destruction, la caméra, l'appareil photo ou le stylo sont des armes de dissuasion ! Les deux sont nécessaires pour que nous puissions sortir victorieux de cette guerre.

Sur le chemin, Eva nous explique l'histoire de cette ville construite à la croisée des tragédies. Drohobytch existait probablement à l'époque de la Rus' de Kiev, au XIe siècle. En septembre 1939, la ville fut annexée à la Pologne par l'URSS et rattachée à la République socialiste soviétique d'Ukraine. Durant l'opération Barbarossa, lancée deux ans plus tard, elle fut occupée par l'Allemagne nazie. Les Juifs furent alors parqués dans le tristement célèbre ghetto de Drohobytch. Murs d'enceinte, travaux forcés, surveillance stricte et brutale, les conditions de vie y étaient abominables et de nombreux Juifs succombèrent aux mauvais traitements. Parmi eux, l'écrivain et peintre Bruno Schulz, ambassadeur du réalisme magique, auteur de deux livres sublimes : *Les Boutiques de cannelle* et *Le Sanatorium au croque-mort*. Une carrière littéraire interrompue trop tôt par un officier allemand qui lui assena deux balles dans la tête.

Eva reprend :

— Si vous travaillez sur l'art, vous devez connaître Bruno Schulz. Il est l'un des plus grands artistes d'Europe de l'Est. Son style est l'alchimie parfaite entre Kafka et Lewis Carroll. Lev Skop, le peintre que je vais vous présenter tout à l'heure, est son disciple spirituel. Il perpétue sur ses toiles cet héritage du réalisme magique, ce que Bruno Schulz appelait « la république des rêves ».

En passant devant le bâtiment de l'université, Eva nous explique que, presque un siècle auparavant, les agents du NKVD avaient transformé ce lieu d'apprentissage en salle des tortures. Après avoir été condamnés lors de procès artificiels, opposants politiques ou ennemis du pouvoir central furent envoyés dans les sous-sols de l'université pour avouer des crimes imaginaires. Bien sûr, la plupart d'entre eux n'étaient coupables de rien, sinon d'être juifs ou ukrainiens, et furent enfermés dans des prisons aux allures de mouroirs.

À l'instar de Lviv, Drohobytch est une ville fréquentée par les artistes et les intellectuels. Des écrivains tels que Ivan Franko, Vassyl Stefanyk, Stepan Kovaliv, mais également des musiciens tels Andriy Valaga, Modest Mentsynskiy ou des peintres comme Maurycy Gottlieb et Lev Skop. C'est ce dernier que nous sommes venus voir ! Personnage flamboyant, musicien, poète, peintre, historien de l'art et ambassadeur du réalisme magique, militant de l'indépendance à l'époque de l'URSS, résistant des premières heures sur les barricades de Maïdan, il effectue de nombreux voyages sur le front du Donbass afin de peindre des icônes religieuses pour le salut des soldats.

Lev habite dans un immeuble soviétique, bâti en même temps que les usines de la ville pour y loger ses employés. À cette époque d'efficience architecturale, le fonctionnalisme l'emporta sur l'esthétisme. Des blocs de béton sans relief, sans fioritures, grisonnants, simples et efficaces. Pour les couleurs, il faut franchir le palier du peintre et se faufiler entre les toiles éparpillées. Un couloir étriqué dessert successivement une petite cuisine, un coin pour la douche et une chambre à coucher. L'aménagement spartiate du salon se limite à une table basse pour le café, un chevalet pour les toiles et un canapé pour l'artiste. Pas d'armoire ou de rangements, les vêtements sont empilés dans un coin de la chambre et la vaisselle sur un coin de l'évier.

À Drohobytch comme dans le Donbass, Lev apparaît pour beaucoup comme un mystique, le trait d'union entre l'artiste et le prêtre. Ici, on dit que son coup de pinceau rend hommage aux mouvements de l'âme et reconnecte avec la magie de Dieu. C'est pour ça que les soldats viennent le voir avant leur grand voyage vers l'Est. Dans le temple du vieil homme, les discussions ressemblent à des confessions. On se décharge le cœur et on se remplit l'âme. Embrassades et accolades font office de bénédiction. Les soldats repartent avec une toile de sainte Marie, Mère de Dieu, ou de saint Georges, talisman contre la mort, rempart contre la peur. Il y a du spirituel dans tout ça, quelque chose d'indicible qui confère au sacré. Dans le fond de la pièce, Eva veille discrètement à ce que le peintre ne manque de rien. Entre le vieil homme et la jeune fille, la transmission d'une histoire, d'un héritage, celui de l'art comme force d'émancipation et de résistance, conditions ultimes à la liberté de l'être. Je les observe dans leurs échanges respectueux. Il parle sans s'interrompre, elle l'écoute sans impatience.

Eva nous invite à rester quelques jours à Drohobytch pour continuer nos recherches :

— Vous pouvez dormir dans l'une des salles de classe de l'école primaire réhabilitée en dortoir depuis le début de la guerre. En ce moment, il n'y a pas de réfugiés, vous y serez tranquilles. Il y a un poêle en céramique qui fonctionne au gaz et un tas de couvertures. Vous n'aurez pas froid.

Nous acceptons sans hésiter, voyant dans ces quelques jours passés avec Eva l'opportunité d'explorer la région.

Lors d'une promenade en ville, je lui demande si elle considère la guerre russo-ukrainienne comme un duel fratricide ou, au contraire, comme une guerre entre deux nations aux destins que tout oppose.

— C'est énervant, dans les médias occidentaux, nous sommes presque toujours confondus avec les Russes, on nous présente comme des « peuples frères ». C'est quelque chose qui ne nous plaît pas du tout. Notre histoire et notre langue sont foncièrement différentes.

— Oui, ici en Galicie, mais à l'Est dans le Donbass, la population est russophone. J'imagine que les rapports avec la Russie sont plus étroits !

— Être russophone n'empêche pas d'être ukrainien. Il ne faut pas confondre russophone et russophile !

Je prends note de la nuance et n'ose insister en posant sur la table la question épineuse de la Crimée. La guerre aura au moins servi à exalter le sentiment d'unité nationale dans un contexte de construction identitaire pour le moins complexe depuis l'indépendance.

— Que penses-tu de l'interdiction du mot « guerre » en Russie ?

— « Opération antiterroriste » en Tchétchénie, « opération spéciale » en Ukraine, Poutine a élevé l'utilisation des euphémismes au rang d'art suprême. Mais derrière son air respectable, ce n'est qu'un gangster. Il a passé son enfance avec les malfrats des rues de Leningrad à se battre et à trafiquer. Depuis qu'il est au pouvoir, il n'existe que par la guerre : Tchétchénie, Géorgie, Syrie, Ukraine. Il a pris le pouvoir grâce à la Tchétchénie en promettant de « traquer les terroristes jusque dans les chiottes ». Mais s'il croyait prendre Kyiv comme il a pris Grozny, c'est qu'il a avalé sa propre propagande.

— Quand on voit la passion de certains hommes à s'entretuer, on peut se demander ce que serait la guerre si les femmes gouvernaient le monde.

— Comme il incombe aux femmes de donner la vie, on peut imaginer qu'elles sont naturellement moins disposées à provoquer la mort. Pourtant, dans un monde où les règles du jeu ont été édictées par les hommes, les femmes qui arrivent au pouvoir doivent redoubler de fermeté pour se faire respecter. En Ukraine, on se souvient des sanglantes campagnes de guerre de Catherine II et de la première annexion de la Crimée. Plus au sud, en Roumanie, au sein du couple Ceausescu, Elena fut plus cruelle et plus ambitieuse que son mari Nicolae. Elle apparaît aujourd'hui comme la véritable instigatrice des grandes répressions. De votre côté, vous avez eu Thatcher, celle qu'on appelle la Dame de fer. Difficile donc d'affirmer qu'une fois au pouvoir les femmes auront cette bonté d'âme supérieure propice à l'apaisement des peuples.

Une averse de grêle nous pousse à l'abri dans une rôtisserie de la place Rynok. L'établissement est tenu par une veuve et son fils unique, en âge d'être enrôlé. À l'intérieur, comme dans la plupart des restaurants en Ukraine, le thermostat frise les 30 degrés, histoire de sécher ses larmes et de se donner soif. Dans un coin de la pièce, le feu brûle dans l'âtre, l'agneau cuit sur la braise. Ça sent la peau grillée et la sauce à l'ail. Au mur, des affiches de cinéma vieille époque et une photographie d'Humphrey Bogart enlaçant Lauren Bacall dans le film *Les Passagers de la nuit.* La patronne devait autrefois être jolie, pas comme Lauren Bacall bien sûr, mais jolie quand même, grande blonde lascive avec des nattes dorées, le nez courbé et les yeux en forme d'amandes. Seulement, la dérive des jours et les malheurs de la vie ont définitivement tiré un trait sur ses grâces passées. Son visage grave et ses ongles rongés jusqu'au sang révèlent l'angoisse d'un quotidien gouverné par la peur. Les tics nerveux qui lui ferment l'œil par à-coups semblent s'accorder au néon qui clignote au plafond à cause d'un faux contact. En Ukraine, la guerre joue sur les nerfs autant que sur le réseau électrique. L'air égaré, elle monte le volume du transistor et traîne ses pieds jusqu'à notre table pour prendre la commande :

— Anastazja Ivahnenko, vous connaissez ? Une chanteuse populaire d'Odessa exilée en Pologne. C'est beau, non ?

— Eva, je me demandais si tu avais continué à écrire depuis l'invasion russe ?

— Après le 24 février, je n'ai rien pu écrire pendant quelque temps. J'étais plongée dans une stupeur totale, paralysée par l'émotion. L'imagination semblait impuissante à se déployer. Comment raconter la mort, la torture, la souffrance, le sang qui coule ? Même loin du front, la guerre a touché l'ensemble du peuple ukrainien. On ne regarde plus la météo pour prévoir les averses du lendemain mais les chaînes d'infos en continu pour augurer des pluies de missiles. La guerre a changé le système de valeurs. Et cela a transformé notre vision du monde, les notions de droits de l'homme et de liberté. La littérature est certainement l'espace artistique qui reflète le mieux la tragédie qui s'est abattue sur nous. Cette période deviendra pour un temps le terreau de la littérature ukrainienne, et les récits de guerre représenteront l'une de ses directions les plus importantes, comme cela a été le cas autrefois avec la littérature des Balkans. Une partie de la production littéraire ukrainienne est écrite aujourd'hui à Bakhmout, Donetsk, Soledar, Kharkiv, Marioupol, en première ligne, dans les tranchées et les abris antimissiles, les armes à la main, sous le sifflement des balles et le fracas des bombes. Il y a tant de poètes, de musiciens ou de peintres parmi les soldats. Les héros de ce pays.

4 avril – Avec la Défense territoriale

Ce matin, nous avons rendez-vous avec le directeur d'Oschadbank, la banque locale de Drohobytch. Dans les bureaux de l'agence, Volodymyr a troqué le costume noir pour l'uniforme vert. Demain, il rejoindra le front en tant que chef de brigade des Forces de défense territoriale. Sa huitième mission depuis 2014. Il nous accueille à bras ouverts, heureux que cette visite impromptue lui offre une occasion valable de trinquer avant le départ. Accrochées en ligne sur le mur, les photos de ses différentes missions militaires rappellent que la guerre en Ukraine n'a pas commencé le 24 février dernier.

— Asseyez-vous ! Vous prendrez bien une goutte de cognac ?

La question est rituelle et n'attend pas de réponse. Volodymyr actionne une petite trappe dissimulée sous le plan de travail et en sort une bouteille.

— *Slava Ukraini !*

— *Heroyam slava !*

Malheureusement, nous sommes interrompus par une sirène antimissile qui n'a que faire des logorrhées patriotiques. Tous les employés de la banque se précipitent au sous-sol. Debout sous l'escalier principal, nous poursuivons la conversation en attendant la fin de l'alerte.

— Avant 2014, le pays avait été presque entièrement démilitarisé par le président pro-russe Ianoukovitch. Il a bien fallu s'organiser ! C'est à ce moment que des milices de volontaires se sont créées pour défendre le Donbass. L'année dernière, on les a regroupées sous le nom de Forces de défense territoriale. Et aujourd'hui, quasiment tout le monde les a rejointes. Poutine voulait nous diviser, il n'a fait que renforcer l'unité nationale. Mais vous savez, ce n'est pas seulement Poutine que nous jugeons, mais le peuple russe dans son ensemble. En 2014, nous avons fait la révolution de Maïdan pour gagner notre liberté. À leur tour de se révolter. Hélas, les jours passent mais rien ne change. Au pire ils sont partisans, au mieux ils sont complaisants.

Après manger, Volodymyr nous entraîne dans une base militaire dissimulée en rase campagne où les Forces de défense territoriale s'entraînent avant de partir au front. Stand de tir, salle d'apprentissage stratégique, atelier de déminage, formation aux soins d'urgence, etc. Des programmes d'entraînement pour des personnes qui n'ont, pour la plupart, jamais tenu d'arme à feu. Quand je lui demande ce qu'il ressent à la veille de son départ, il me répond sans sourire :

— J'ai peur de partir à l'Est. Mais j'aurais davantage peur en attendant ici l'arrivée des Russes. Mieux vaut combattre que subir. Tu sais, à Drohobytch, on a un mauvais souvenir de l'époque soviétique. Dans les années 30, le NKVD torturait massivement hommes, femmes et enfants, on connaît leurs méthodes. Poutine conteste l'existence de l'Ukraine en tant que pays souverain. Ici, on préfère prendre les armes pour stopper l'envahisseur avant qu'il ne soit trop tard. N'oubliez pas que nous sommes des descendants de Cosaques, nous avons la liberté dans le sang !

6 avril – Retour en France

Il est temps de reprendre la route et de récupérer mon fourgon laissé sans surveillance à la frontière roumaine. Nouvelle traversée des montagnes, nouveau passage des cimes ! Des tourbillons de neige étouffent le paysage dans une lumière trouble, les Carpates sont noyées dans la tempête. Un blizzard grand format comme dans les récits de Tolstoï. Nous effectuons un crochet de quelques heures pour déposer une caisse de médicaments dans un village à la frontière slovaque, et c'est le temps des adieux. Libérés de la guerre, de la loi martiale, des bombes et du couvre-feu, nous faisons claquer les verres dans un rade de Sighetu.

— Étrange sentiment de pouvoir s'extraire de la guerre en franchissant une rivière, dit Lodewijk.

— C'est le privilège des reporters : quitter le terrain quand bon leur semble.

— Ouais, je me sens bizarre avec ça, un peu honteux même de rentrer chez moi alors que les combats continuent. C'est un peu facile, tu ne trouves pas ?

Je ne réponds pas et fous sur le cul mon verre de *palincă*.

Demain, Lodewijk prévoit de remonter vers la Pologne pour donner un coup de main à l'accueil des réfugiés. Je prendrai quant à moi la route du Pays basque aux premières heures du jour.

Les trois mille kilomètres d'asphalte qui me séparent de Biarritz m'offrent le temps nécessaire pour repenser l'expérience vécue. Les images défilent, les visages aussi. Je pense à ce peuple qu'hier encore je ne connaissais pas et qui me semble aujourd'hui si proche. L'idée de rentrer au pays en les abandonnant à leur sort me laisse un goût amer, une sensation d'inachevé. Je me remémore cette phrase prononcée par Eva dans le silence figé d'une nuit d'avril : « Les journalistes font un travail remarquable mais, à force de parler des morts, on en oublie les vivants ! » Elle a raison : si la plupart des médias utilisent la mort pour galvaniser l'opinion, d'autres doivent filmer la vie pour faire fleurir l'espoir. Et si le travail accompli avec les artistes ukrainiens me permettait de développer une trame de film documentaire ? Je pourrais alors retourner en Ukraine pour leur donner la parole, et pourquoi pas pousser plus à l'est en me rapprochant des zones de combat.

Après quarante-huit heures sur la route, j'effectue un crochet de quelques jours dans les montagnes slovènes pour demander à la nature de combler ce vide que les hommes ont creusé.

À peine rentré au pays, j'apprends que Lodewijk a changé ses plans, reprenant finalement le chemin de l'Ukraine. Durant les deux semaines passées en France pour travailler sur mon projet de film, je reçois deux messages signés de sa main.

Lettre du 14 avril :

Salut mon ami,

J'espère que la route à travers les montagnes a su te réchauffer le cœur !

Quant à moi, je suis reparti en Ukraine. Je me trouve à nouveau à Lviv. Hier, sur la place de l'opéra, j'ai vu un soldat acheter un bouquet de fleurs et l'offrir quelques mètres plus loin à une vieille dame qui passait par là. Il fallait voir le regard de cette dame. L'espoir est indestructible.

J'ai le sentiment que c'est dans les cœurs que se joue la guerre et c'est du côté des artistes que je veux aller voir. Leur sensibilité a beaucoup à dire sur le bouclier de solidarité qui se déploie face à l'invasion.

Hier, j'ai reçu un message de l'écrivain Petro Yatsenko que nous avons rencontré ensemble. Il me disait qu'il voulait voir si son appartement de Kyiv existait encore ; et que, si c'était le cas, il aimerait récupérer son vélo, arroser ses plantes et jouer un peu d'accordéon.

Il m'a donné rendez-vous au sous-sol de la bibliothèque

scientifique de l'Université nationale Ivan-Franko. Son directeur, Vassyl Fedorovytch, nous attendait avec un ordre de mission signé des autorités ukrainiennes. On me demandait d'acheminer une cargaison d'équipement militaire (des gilets pare-balles principalement) jusqu'à la capitale. Notre destination : une zone d'approvisionnement au centre de Kyiv. L'adresse exacte resterait confidentielle jusqu'à notre arrivée.

Les villes du Nord-Ouest comme Borodyanka, Boutcha et Irpin portent en elles tout le poids de la guerre. Tout est dévasté. Peu de monde sur la route. Des camions de ravitaillement principalement (eau, vivres, essence, véhicules civils réquisitionnés). Il nous a fallu une longue journée, depuis l'aube, pour atteindre la capitale.

On est arrivés par la E373, axe emprunté par les chars russes lors de l'offensive sur le district de Boutcha. Aux abords de Makariv, la voiture a commencé à slalomer entre les trous d'obus et les chars calcinés. Je n'ai jamais vu un truc pareil. Tout était en ruine, dévasté. Le paysage sentait la mort.

Les mercenaires du groupe Wagner se trouvaient là il y a tout juste deux semaines. « Les Russes se cachent dans les bois », nous a-t-on dit au point de contrôle.

L'immeuble de Petro était toujours debout ; les vitres dans un sale état, mais l'appartement intact. Les plantes n'ont pas tenu le coup, sauf une, que ce cher Petro veut rapporter à Lviv.

Pour le dîner, nous avons retrouvé quelques conserves dans ses placards et une bouteille d'eau-de-vie. De quoi se faire un bon gueuleton. Petro a pris son accordéon et joué *La Valse d'Amélie* de Tiersen. Dans le crépuscule de Kyiv, c'était émouvant. Puis à un moment il s'est arrêté, a regardé les jeux d'enfants par la fenêtre. Il a murmuré quelque chose comme « à cette heure-ci, normalement c'est plein de rires ». Le ton était chargé de tristesse, mais en même temps il y avait entre ses mots une forme d'évidence, l'assurance que tout ça ne durerait pas.

Je pense rester une semaine chez Petro Yatsenko. Demain, nous rencontrons Svitlana Povalyaeva, figure incontournable de la littérature ukrainienne.

Je te tiens au courant !

LODEWIJK

Lettre du 19 avril :

Salut l'ami, comment vas-tu ?

J'ai enfin rencontré Svitlana Povalyaeva dans la cave d'un bar cubain transformée en *shelter* antimissile. À seize ans, elle était déjà sur les barricades : la « révolution sur le granit », automne 1990. La première manifestation politique majeure de l'Ukraine sur Maïdan. Pour Svitlana, comme pour des milliers d'Ukrainiens, il n'était pas question de signer le Traité de la nouvelle union qui devait reconsolider l'URSS et replonger le pays dans l'hiver soviétique. L'indépendance ou rien !

Svitlana me parle de ses deux fils qui sont au front : Vasyl, vingt-cinq ans, et Roman, vingt-quatre ans, engagés tous deux dans la défense du pays. Elle me fait part de sa détermination à ne pas plier. Dans une forme de résignation combative, Svitlana semble apprivoiser la guerre. Lorsqu'elle ne sauve pas les animaux abandonnés, elle fabrique des gilets pare-balles en pensant à ses deux fils. Parfois même, elle pense à elle et se vernit les ongles. Parce que vivre comme si tout était normal, c'est aussi une façon de résister.

J'espère que ton scénario avance comme tu le veux et que tu pourras revenir bientôt au pays des grandes plaines.

LODEWIJK

DEUXIÈME VOYAGE

Mai – juin 2022

4 mai – Retour en Ukraine

Deux semaines se sont écoulées depuis mon retour en France. Mon scénario de film est presque bouclé, mes contacts sur place sont prévenus, il ne me reste plus qu'à planifier la date du départ. Les nouvelles qui m'arrivent d'Ukraine sont positives. Alors que les Russes affirment opérer un repli stratégique pour mieux se redéployer sur le front Est, les observateurs occidentaux n'hésitent plus à parler de défaite majeure sur le front Ouest. Stoppée à Irpin et Boutcha avant d'être repoussée par les forces ukrainiennes, l'armée de Moscou s'est complètement retirée de la région de Kyiv, laissant dans son sillage un spectacle de désolation : villes rasées, civils exécutés, territoires minés. Marioupol a été détruite à 95 % malgré la résistance héroïque des soldats retranchés dans l'usine d'Azovstal et Kherson demeure sous emprise russe.

À quelques jours du départ, je reçois un message d'Eva :

Salut Damien,

J'espère que tu te portes bien.

Le peintre Lev Skop organise une cérémonie religieuse dans un panthéon dédié à la gloire des héros ukrainiens. Ses peintures seront exposées sur les murs de l'église et des artistes de la région se joindront aux évêques pour rendre hommage aux soldats disparus. C'est une célébration solennelle qui mériterait d'être filmée. Qu'en penses-tu ?

Par contre, je tiens à te mettre en garde car la cérémonie aura lieu deux jours seulement avant la date du 9 mai, jour de la commémoration de la victoire soviétique sur le IIIe Reich dans la Grande Guerre patriotique. Difficile pour le Kremlin de mener ces commémorations sans avancer une victoire militaire sur le terrain. Tout le monde est sur le qui-vive, l'état-major ukrainien s'attend à des bombardements massifs sur la totalité du territoire.

Je préfère te prévenir.

EVA

Je considère la menace, évalue les risques en écoutant d'une oreille les prophètes de la télévision française – ces chemises vertes de la guerre qui ont remplacé au pied levé les blouses blanches du Covid – et, après mûre réflexion, je décide de repartir.

Pour cette nouvelle mission, je suis accompagné par le caméraman Michael Darrigade alias Boula, un technicien de l'image rompu aux tournages difficiles. Une trogne de volcan érodé, plutôt râblé et large d'épaules, la silhouette bien tassée par une vie bien remplie, le regard brûlant, le cheveu rare et le poil dru, Boula compte également une belle collection de balafres sur la gueule, souvenirs d'une époque où il lui arrivait d'utiliser ses poings pour terminer ses phrases. Une ponctuation par le geste lorsque les mots ne suffisent plus.

Originaire de la petite ville de Boucau, en périphérie de Bayonne, Boula a grandi au pied des usines sidérurgiques de l'Adour. Horizon de fer et fumées noires ont forgé chez lui un tempérament de lave en fusion. Fabuleux fonceur, téméraire dans l'action, portant l'excès et la folie en étendard, il est de ceux qui préfèrent l'intensité du danger à l'insoutenable tranquillité du quotidien. « *A short life but a good one !* » L'hiver à Nazaré, au Portugal, embauché par la chaîne américaine HBO pour filmer les plus grosses vagues du monde. L'été en France, utilisé en sous-main par « Enquêtes exclusives » afin d'infiltrer en caméra cachée les réseaux de trafiquants de drogue. Il y a du carnassier en lui, du payara ou du brochet, les dents longues, acérées, ainsi qu'un fabuleux mépris pour toutes les convenances. De chauffeur de bus à cinéaste multirécompensé aux Emmy Awards de Los Angeles, il navigue en funambule sur la ligne de crête. Son tempérament fait de lui le compagnon de route idéal.

Quelques jours avant notre départ, il me passe un bref coup de fil :

— Je suis en Hollande pour un match de la Champions League. Je filme en immersion chez les hooligans ! Si je suis toujours partant pour traverser l'Ukraine ? Plus que jamais, vieux ! On se retrouve à la gare de Biarritz dans trois jours.

Dans le train pour Paris, je peaufine l'écriture de mon scénario. L'idée de ce film est simple : réaliser une traversée de l'Ukraine pour filmer les soubresauts de la vie face aux horreurs de la guerre. Un documentaire existentiel faisant la part belle aux artistes, aux poètes. Un départ depuis la ville industrielle de Drohobytch, à la frontière polonaise, jusqu'à Kharkiv, à quelques kilomètres de la ligne de front et de la frontière russe. Une prise de vue mobile et immersive afin de me placer en observateur silencieux, n'interférant jamais avec les événements. Pas de voix *off*, peu de musique, notre intervention tiendra au cadrage et aux images composées, choisies, montées. Sortir du commentaire, de l'explication filtrée par l'œil du réalisateur, les reportages télé sont assez nombreux comme ça.

Après quatre heures de train depuis Biarritz, nous sautons dans un avion pour Cracovie. Je ne sais toujours pas comment passer la frontière. Aux dernières infos, des kilomètres d'embouteillages empêchent les voitures d'approcher. Pour gagner du temps, il faudra certainement marcher jusqu'aux postes de douane.

En sortant de l'avion, j'aperçois un Français affublé d'une veste militaire vert olive, l'estampille de l'Ukraine bien visible sur le biceps. Je tente ma chance et lui demande s'il compte se rendre en Ukraine. Il me répond un « peut-être » évasif. Je lui signale qu'il est un peu voyant pour quelqu'un qui souhaite dissimuler ses intentions.

— Tu vas rejoindre la Légion internationale ?

— Non, je suis là pour apporter du matériel médical.

Il me tend alors une sacoche de premiers secours de la taille d'un sac de sport.

Boula me jette un coup d'œil rieur :

— Pas de quoi sauver l'Ukraine !

Le bougre veut aller à Lviv mais semble hésiter car, le 9 mai approchant, il souhaite être de retour en France le plus vite possible pour ne pas se risquer sous les bombes. Voilà l'exemple parfait du gugusse qui étale à la vue de tous sa panoplie de GI flambant neuve, l'air fier et le cœur mou, puis part se faire tamponner le passeport au poste-frontière le plus proche afin de pouvoir, d'ici à deux jours à peine, arborer le silence lourd et le regard lointain de celui qui a vécu la guerre et côtoyé la mort.

Après une nuit à Cracovie, nous grimpons dans un train à destination de Przemysl. Un taxi nous dépose ensuite au plus près de la frontière pour parcourir les derniers kilomètres à pied. Lors de mon dernier passage, les véhicules roulaient pare-chocs contre pare-chocs pour fuir la guerre. Aujourd'hui, les rapports sont inversés. La déroute de Poutine dans l'oblast de Kyiv a sonné l'heure du retour au pays. Au poste de contrôle, le douanier ukrainien a envie de bavarder. Il m'explique que sa sœur a épousé un Basque de Bilbao et qu'elle vit aujourd'hui dans le Casco Viejo de San Sebastian. Son mari s'appelle Eñaut, il me demande si je le connais. Je lui réponds qu'en basque *Eñaut* veut dire « Arnaud » et que San Sebastian compte près de deux cent mille habitants. Il semble déçu et frappe mon passeport avec le tampon d'entrée. Quelques minutes plus tard, nous sommes en Ukraine.

Comme convenu, le père d'Eva est là pour nous conduire à Drohobytch au volant de sa Volga hors d'âge. Sur la route, j'aimerais lui poser mille questions : qu'en est-il de la situation ? Comment va Eva ? Est-ce qu'il continue à travailler ? Participe-t-il à l'effort de guerre ? Malheureusement, la barrière de la langue anéantit les élans de ma curiosité.

J'observe alors les étendues de terres agricoles qui s'enfoncent sous l'horizon. Malgré la guerre et le blocus naval qui paralyse les exportations, les paysans sont à l'œuvre. À l'arrière, loin des lignes de front, on prépare le ravitaillement des troupes et des populations.

Mais quelque chose semble avoir changé par rapport à mon premier voyage ! Si les check-points sont toujours les mêmes, avec leurs blocs de pierre et leurs croix de fer, les paysages, eux, se sont transformés. Vivre sous un climat continental, c'est pouvoir compter sur l'extrême ponctualité des saisons. En seulement quelques semaines, les couleurs semblent être montées d'une octave. De l'obscurité hivernale, on pénètre de plain-pied dans un bain de lumière. Nuages noirs et ciel de suie se sont dissous dans l'azur, la neige n'est plus, changement de décor. En tous lieux, les graines se gonflent, les herbes grandissent, les feuilles s'étirent. Les parfums de sève et le bruissement des arbres invitent à se promener dans l'ombre clairsemée des cerisiers en fleur. Sous le soleil de mai, la rumeur du printemps s'inscrit comme un signe d'espoir : la vie malgré tout.

6 mai – Drohobytch

Nous arrivons à Drohobytch en milieu de journée et retrouvons Eva directement chez Lev Skop. Afin de filmer le vieux peintre dans son quotidien, nous décidons d'établir nos quartiers directement chez lui. Une petite banquette en mousse faisant office de lit d'appoint au milieu des œuvres d'art en pagaille, rien de tel pour laisser infuser la magie du lieu. Eva et son compagnon Oleksander habitent un autre immeuble à quelques minutes de là. Chaque jour, une fois son travail à l'administration militaire terminé, la jeune fille se rend chez le vieil homme pour veiller à ce qu'il ne manque de rien. Une solidarité intergénérationnelle sans faille, héritage d'une culture qui reconnaît le respect des aînés et la valeur des anciens.

Sans perdre de temps, nous déballons notre matériel vidéo, ajustons les lentilles, branchons les micros.

— Lev, peux-tu regarder la caméra et te présenter ?

— En quelques mots ?

— Oui, raconte-nous un peu qui tu es !

— D'accord. Je m'appelle Lev Andriyovych Lazor-Skop, mais ici les gens m'appellent Lev Skop. Je suis né en 1954 sous l'ère soviétique de Nikita Khrouchtchev. La même année, le monde découvrait pour la première fois un certain Elvis Presley et son single *That's All Right.* Je crois qu'on peut dire que je suis né la même année que le rock'n'roll. À cette époque, l'ombre de Staline planait toujours sur l'ensemble des républiques socialistes soviétiques. Les artistes étaient mis à l'index par les apparatchiks de la nomenklatura cherchant à se faire bien voir par les membres du Soviet suprême. Et puis Khrouchtchev nous fit entrer dans une phase de dégel. Il faut dire qu'on l'avait bien mérité après ces années difficiles. Cette phase de transition du stalinisme vers une dictature plus « douce » avec un début de libéralisation de la vie politique a permis une ouverture sur le monde extérieur. C'est à cette époque que furent organisées les premières expositions internationales et que j'ai pu découvrir les artistes du monde entier. Pour l'art, ce fut un moment important qui vit l'émergence d'une nouvelle esthétique, éloignée des codes officiels du Parti. Pour moi, ce fut la peinture, mais également le chant et les instruments à cordes. Et puis surtout la poésie sous toutes ses formes.

Il avale quelques gorgées d'eau avant de reprendre :

— En période de guerre, où tout est question de survie, la création artistique est généralement considérée comme une chose insignifiante. C'est une erreur de premier ordre ! Continuer à créer de l'art, c'est préserver la meilleure part de nous-même. Pour résister à cette invasion à grande échelle orchestrée par Poutine, chacun de nous a une mission particulière, la mienne est de peindre pour le salut des soldats. Des icônes religieuses reproduites sur les bardeaux en bois de la vieille église Saint-Georges. Après avoir été bénie par le prêtre, l'icône se transforme en sacramental, une manière de conjurer le mauvais sort. Elle devient une aide spirituelle pour le soldat, un talisman contre la mort.

7 mai – Gloire aux héros !

Tous les matins, on branche la radio pour suivre en direct le siège de Marioupol. Retranchés dans le réseau tentaculaire de galeries souterraines situées sous l'aciérie d'Azovstal, les soldats ukrainiens mènent une bataille désespérée face aux assauts de l'armée russe. Un siège héroïque devenu le symbole de la résistance ukrainienne. C'est dans cette même ville de Marioupol que le réalisateur ukrainien Mantas Kvedaravicius a été sauvagement abattu par des soldats russes alors qu'il tentait de quitter la ville. Une balle dans la tête, une autre dans la poitrine, avant que son corps ne soit jeté dans la rue. Son film *Mariupolis*, tourné en 2014 après l'annexion de la Crimée, fut pour moi une précieuse source d'inspiration, démontrant qu'on pouvait témoigner de la guerre en mêlant la poésie des petites choses aux grands bouleversements de l'actualité. Filmer l'existence dans ce qu'elle a de plus élémentaire et sobre, c'est également notre volonté. Tâchons de ne pas finir comme lui.

À Novochichi, une foule compacte s'est réunie pour assister à la messe commémorative en hommage aux soldats disparus. Dans le temple de l'archange Michaël transformé pour l'occasion en « panthéon des héros », l'évêque célèbre la liturgie des défunts et apporte l'aide spirituelle aux familles. Son sermon plein d'émotion exalte l'esprit de résistance, appelle les fidèles à prendre les armes pour défendre leur pays, et chante les louanges du bataillon Azov retranché à Marioupol. Chaque prière est une supplication lancée au ciel. Militaires, représentants des autorités locales, population civile ainsi que tous les prêtres du doyenné sont présents. Après le chant du *Sanctus*, un jeune thuriféraire en soutane blanche s'avance vers l'autel, les trois chaînettes de l'encensoir déroulées dans la main droite, la navette contenant l'encens dans la main gauche, et, d'un léger mouvement de va-et-vient, il répand la fumée purificatrice et élève les prières vers Dieu.

Entre les murs de la petite église, la mort plane au-dessus des visages baissés. Certains fidèles se raclent la gorge, d'autres reniflent pour ne pas pleurer. Sous le vide glaçant de la nef, le feu danse sur les cierges. Les cloches sonnent contre l'oubli.

Les peintures de Lev Skop ornent les murs de la nef et de l'abside. La Vierge Marie, les saints, le Christ et les anges sont représentés et servent de pont entre le ciel et la terre. Lilia Kobilnyk, autre artiste de la région, interprète une version chantée du poème ukrainien *Kray neba*, « La Fin du ciel ». Mais au moment d'entonner le refrain, son souffle s'accélère, son cœur se noue, et l'émotion déborde.

Puis c'est au tour de Lev Skop de troquer le pinceau pour la guitare. Avec son visage taillé à la serpe, ses yeux clairs et sa chevelure cendrée, Lev semble jaillir tout droit d'un de ses tableaux. D'une voix rocailleuse, il interprète l'hymne ukrainien dont je note ces paroles : « Pour notre liberté, nous donnerons nos âmes et nos corps, et prouverons, frères, que nous sommes de la lignée des Cosaques. »

Je regarde autour de moi, civils et militaires ont posé

leur main sur le cœur. Leurs yeux brillent sous l'émotion. Les miens aussi. Un soldat se penche vers moi et libère quelques mots dans un murmure :

— Ce que nous vivons là, c'est la fierté à travers nos larmes…

Après la cérémonie, nous sommes invités à la table du patriarche dans un petit bâtiment annexe à l'église. Quelques prêtres et des officiels de la région sont présents pour partager le bortsch au bœuf. Boula se penche vers moi :

— Ça m'a toujours fait marrer de voir les hommes d'Église ronds comme des hosties alors que leurs apôtres sont maigres comme des fumées de cierge.

Quelqu'un branche le transistor sur le canal des musiques folkloriques et des polyphonies ukrainiennes. Nappes blanches, lilas en pot, christ enluminé et convives en soutanes brodées. Les prières envolées vers les hautes sphères, il est temps de rejoindre la terre des hommes :

— Voici le sang du Christ, il vient de la région de Kherson ! Vous allez voir, ça réchauffe le palais et redonne la joie de vivre.

Boula avale le godet d'un coup franc :

— Plus efficace qu'une prière, en effet !

— Un vin produit sur des sols de grès et d'argile rouge. Regardez un peu l'étiquette.

Je saisis la bouteille pour y lire l'appellation : GRAD CRU.

— Vous avez saisi ? C'est drôle, non ?

— Je ne suis pas certain !

— Les propriétaires du vignoble, partis semer la vigne au mois de mars, ont trouvé planté dans ses rangs un missile russe non explosé. Le genre de saloperie lancé par un Grad lance-roquettes de 122 millimètres, plus communément appelé l'orgue de Staline. *Grad* signifie en russe « grêle ». Je peux vous dire que quand ça tombe, il y en a partout en même temps. Ils ont donc appelé la bouteille GRAD CRU. C'est un prototype. Allez, donnez-moi vos verres à horilka. Ils ne doivent jamais être vides. *Slava Ukraini !*

— *Heroyam slava !*

Comme les bonnes choses s'éternisent souvent plus que de raison, nous quittons la table dans les dernières heures du jour, au son des voix éraillées par l'alcool et des chants patriotiques.

13 mai – Un train dans la nuit

Ce soir, Eva et Oleksander nous déposent à la gare de Drohobytch, où un train nous emportera bientôt vers l'est. Depuis quelques décennies, les voyages en train sont tombés en désuétude au profit des voyages en avion. Le ciel a réglé notre obsession du temps perdu. Pourquoi emprunter un moyen de locomotion inconfortable, lourd, lent, monotone, alors qu'un vol en avion transforme le moindre trajet en saut de géant ? Mais le 24 février dernier, le ciel s'est refermé sur l'Ukraine, ne laissant comme seule alternative pour circuler que la route ou le rail.

Avant d'embarquer, je souhaite immortaliser les adieux en prenant une photo avec Eva et Oleksander. Geste suspect par excellence dans un pays où la paranoïa s'est répandue plus vite que le corona. Nous sommes aussitôt contrôlés par une patrouille de la Défense territoriale, qui, une fois les vérifications opérées, nous rappelle sévèrement l'interdiction de photographier dans des zones stratégiques. Bientôt, le hurlement du fer retentit et un train aux couleurs de l'Ukraine entre en gare. Mon cœur se serre ! Il existe une certaine exaltation à se tenir debout sur le quai d'une gare en attendant le train qui vous entraînera vers la guerre. Traverser les plaines d'un pays inconnu bercé par le ronflement monotone des moteurs, le bruissement métallique des wagons sur les rails, se draper dans la nuit pour voyager sans être vu.

Sur le quai, quelques soldats aux visages juvéniles s'éternisent dans des adieux déchirants à leurs mères. Ils sont envoyés au front, du côté de Siverodonetsk, dans le Donbass, là où s'opère le gros des combats. À contrecœur, leurs bras s'ouvrent, les portes se ferment, le quai défile. Leur regard est tourné vers l'ouest, le sens des souvenirs. Le convoi s'arrache lourdement à la gare dans un bruit de métal hurlant, fer contre fer, wagon contre wagon, s'extirpant de la ville pour s'enfoncer dans la plaine. À travers le hublot, j'observe la silhouette répétitive des arbres qui défilent de plus en plus vite. Bientôt les perspectives s'effacent, les couleurs s'estompent, l'horizon se mêle à la nuit. Sur la couchette du haut, un jeune militaire est déjà prêt pour dormir. Il nous salue d'un geste de la main, finit d'engloutir son morceau de pain noir au seigle et se tourne face au mur. Douze heures plus tard, le train entre en gare de Kyiv-Passajyrskiy.

15 mai – Maidan Nezalejnosti,
là où tout a commencé

Nous débarquons du train peu avant 9 heures. Greg Pavlov, un contact local obtenu grâce à Anna, une amie ukrainienne réfugiée en France, nous attend sous la grande coupole néobyzantine de la gare de Kyiv. Veste militaire, le visage encadré par une barbe mal taillée, les yeux sombres et le sourire lumineux, Greg est l'archétype romantique du *barbudo* révolutionnaire.

— Suivez-moi, je suis garé juste derrière. Voilà, celle-là ! Damien, tu peux monter côté passager et, Boula, tu peux passer derrière avec le matériel vidéo. La fumée ne vous dérange pas ?

— Pas le moins du monde.

Au cigare cubain, le résistant ukrainien préfère la cigarette jamaïcaine. Une longue tige de marijuana roulée sans tabac, avec un simple morceau de carton pour le filtre et un futur immédiat plus doux comme dessein. Il dégaine un briquet à essence, fait tourner la pierre à feu, aspire à pleins poumons en bloquant sa respiration avant de recracher des volutes d'épaisse fumée.

— Médecine douce ! Vous voulez fumer ?

— Bien sûr qu'on veut fumer ! Douze heures de train, ça creuse.

Je crois que Boula a érigé en principe de vie fondamental de ne jamais rien refuser, surtout ce qui peut altérer son niveau de conscience. Quand on infiltre les réseaux de trafiquants, mieux vaut savoir de quoi on cause.

Avant la guerre, Greg travaillait dans un restaurant du centre de Kyiv. Quand les chars russes ont pointé le bout de leurs canons sur la ville, sa femme et sa fille sont parties se réfugier en Pologne. Aujourd'hui, il a rejoint les réseaux de volontaires qui s'organisent à travers tout le pays pour répondre aux besoins du front. Dans une zone industrielle gardée secrète par l'armée, lui et ses amis artistes récupèrent des véhicules civils qu'ils repeignent aux couleurs camouflage avant d'être envoyés à l'est du pays.

— Je vais vous déposer dans un hôtel proche de la place de l'Indépendance, Maidan Nezalejnosti, c'est là que restent la plupart des journalistes. Pour la suite, vous n'aurez pas besoin de fixeurs. Je vais organiser une visite au garage où je travaille. Mardi et mercredi, je vous emmènerai à Irpin, Boutcha et Borodyanka. Vous pourrez vous faire une idée de ce que les Russes nous ont fait. Pas besoin de me payer, si vous êtes satisfaits de la balade, vous pourrez toujours faire un petit don à l'armée. Mais le plus important, racontez au monde ce que vous voyez.

— Compte sur nous, Greg.

Depuis la terrasse ensoleillée au septième étage du Kozatskiy Hotel, j'observe pour la première fois la déesse ailée de Berehynia élevée sur la place de l'Indépendance en 2001 pour remplacer la statue de Lénine. C'est ici que tout a vraiment commencé un matin de novembre 2013. En plein cœur de l'hiver, des hommes, des femmes, des vieux, des jeunes, réunis autour d'un projet commun, se sont dressés contre le pouvoir en place en brandissant leur volonté de se rapprocher de l'Union européenne. Je me souviens avoir suivi cette révolution depuis la France. Les images qu'on recevait montraient la violence des combats, les coups de matraque, les barricades en feu, les snipers qui tirent sur la foule, le sang sur la neige. Je me souviens également que le drapeau bleu clair du parti d'extrême droite Svoboda et l'ancien drapeau du mouvement nationaliste OUN-UPA ont vite attiré l'œil des caméras. Puis les effigies du controversé Bandera ont été remplacées par celles du poète Chevtchenko.

Quand je demande à Greg si l'extrême droite tenait les barricades à Maïdan, il me répond que les plus préparés étaient évidemment les nationalistes et les mouvements de la droite radicale. Mais Maïdan n'était pas que cela.

— Tu aurais dû voir ça, il y avait tous les sexes, tous les âges, toutes les positions sociales, intellectuels, ouvriers, le peuple dans son ensemble venu gonfler les rangs de la révolte pour se libérer de la tutelle russe et se rapprocher de l'Europe.

J'ai lu quelque part que, pendant que les Russes s'enlisaient sous l'ère Poutine, les Ukrainiens avaient changé cinq fois de président. À croire que pour eux, la liberté prévaut sur la stabilité. Quid des Russes ? La place de l'Indépendance est aujourd'hui considérée comme le lieu de naissance des héros de l'Ukraine, le berceau de la résistance. La guerre aura quant à elle servi de catalyseur, effaçant une partie des discordes et renforçant le sentiment d'identité nationale.

16 mai – Atelier d'art-thérapie

Ciel clair, matin doux. Sur un banc de pierre en bordure du parc Khrechtchatyy, une jeune femme fait l'inventaire de ses rêves disparus. S'en sont allés les joies insouciantes, les passions printanières, les romances hébétées sous les bourgeons de mai, le sang qui bout, le cœur qui cogne, l'herbe fraîche et les odeurs de sève, les après-midi sur les bords du Dniepr assis dans l'ombre tiède des forêts, envolés la poésie des flots, le concert des feuilles, disparus les rires d'enfants, les châteaux de sable, les baignades et l'écume qui jaillit dans l'air, terminés les nappes blanches et les chandelles, les veillées et les soirs de fête, le crépuscule doré, envolées les libertés nocturnes et les promesses de l'aube, oubliés la sueur et les draps inconnus, les noms nouveaux comme des parfums d'aventure, et l'ivresse qui à elle seule fait brûler la flamme et permet de vivre. Deux mois de guerre ont changé le bonheur en souvenirs.

Nous profitons de cette journée libre pour rencontrer la pianiste et chanteuse Olha Chernyshova. Depuis la défaite des troupes russes dans l'oblast de Kyiv et leur retrait à l'est du pays, elle organise des ateliers de musicothérapie pour les enfants traumatisés par la guerre.

Olha nous reçoit chez elle, au seizième étage d'un immeuble dans la banlieue sud. Pendant qu'elle fait bouillir l'eau pour le thé, je considère sa silhouette souple et gracieuse enveloppée dans une robe de printemps, son teint pâle saupoudré d'un léger fardage rose et sa frange à la Birkin. Elle a le corps longiligne et le visage d'une enfant timide. La discussion a lieu dans la pièce attenante à la cuisine, agencée avec soin et éclairée par la lumière naturelle du jour. Ça sent le jasmin et le cuir fumé du canapé. Sur la droite, des ouvrages de littérature classique sont classés par auteurs dans une bibliothèque en acajou. Sur la gauche, un grand piano en noyer satiné pour travailler les gammes entre deux alertes antimissiles. Sur la table basse, un trente-trois tours de Nina Simone est posé à côté d'une reproduction d'amphore romaine.

— Dans une heure, je donnerai un cours de chant sur Zoom à des enfants réfugiés du Donbass. Certains d'entre eux ont abandonné leur ville natale avant qu'elle ne soit envahie par l'armée russe. Ils arrivent ici complètement bouleversés par ce qu'ils ont vécu, sans maison, sans repères, traumatisés par les bombes et la mort venue du ciel. Pour ceux qui ne peuvent plus parler, la musique devient un langage sans paroles pour libérer leur peine.

17 mai – Peinture et camouflage

10 heures. Nous suivons en direct à la télévision la fin du siège de Marioupol et la reddition de deux cent soixante-cinq combattants ukrainiens. Ultime poche de

résistance retranchée dans l'aciérie Azovstal, ces soldats ont tenu quatre-vingt-deux jours avant d'être évacués vers la République populaire de Donetsk sous contrôle de la Croix-Rouge internationale. Par leur héroïsme, ils inscrivent leurs noms et celui du bataillon Azov dans l'histoire de l'Ukraine.

12 heures. À Kyiv, comme dans le reste du pays, le *street art* permet de raconter l'histoire. Graffitis, peintures murales, collages, détournements de publicités, il est un mode d'expression subversif et éphémère pour répondre à un contexte social et politique. Depuis le 24 février, il est même devenu un outil de communication, la mise en récit du roman national au cœur des paysages urbains. La plupart des infrastructures datent de l'époque soviétique, lorsque l'uniformité architecturale et la grisaille généralisée régnaient sur la ville. En dessinant sur les murs, les artistes redonnent un peu de vie aux choses, une évasion symbolique, parfois même poétique, une aspiration à la liberté.

Dans une zone industrielle gardée secrète par l'armée, Seiby, un jeune graffeur des quartiers nord, entreprend la réalisation d'une fresque sur un mur de briques rouges. Comme de nombreux artistes, il participe à l'effort de guerre et utilise désormais ses bombes de peinture pour camoufler les véhicules civils réquisitionnés par l'armée. Ici, tout est régi selon les lois de la débrouille et du système D : on bricole, on rafistole, on peint, on repeint, on démonte, on équipe. Un véhicule entre civil et ressort militaire. Greg, qui est préposé au nettoyage des engins, nous autorise à suivre son équipe à condition de ne pas filmer les bâtiments stratégiques. Les volontaires sont répartis par secteurs d'activité dans les différents hangars qui composent la zone de travail : réparation des véhicules, stockage du matériel, carrosserie, armement... Dans le bâtiment principal, on trouve un coin café, quelques lits de camp, de la bière et une cuisinière à gaz. Derrière les fourneaux, il y a Kateryna, une danseuse professionnelle de *breakdance* chargée de nourrir la trentaine de volontaires présents sur le site. Des caisses de matériel alimentaire et humanitaire sont réparties aux quatre coins du hangar pour inventaire, et contre le mur sont entassées des centaines de plaques balistiques en acier pour gilets pare-balles. Sur l'une d'entre elles, deux impacts sont entourés à la craie blanche avec les inscriptions : 7,62 mm et 5,56 mm.

Dans ce joyeux foutoir, les volontaires fument des joints du matin au soir en écoutant les Doors et les Rolling Stones. Une herbe cultivée dans un coin paumé de Zalissia, au nord-ouest de Kyiv, avec une douce odeur d'agrumes et de poivre grillé.

— C'est pour tuer le chagrin et stimuler la créativité, me lance Seiby.

Les heures passent, les voitures blanches deviennent vertes, les yeux de Boula deviennent rouges. Il me regarde avec un sourire de figue éclatée.

— Boula, essaye de pas merder la mise au point !

— Tout est sous contrôle. Mais c'est vrai qu'entre la fumée des pétards et les inhalations de peinture, j'ai l'impression de travailler en apesanteur.

— Arrête de tirer sur chaque joint qu'on te propose, t'auras sûrement moins chaud aux tempes.

— Réflexe compulsif, ça vient de l'enfance. Quand tu manques de tout, tu dis non à rien.

Au troisième jour de tournage, une équipe de militaires étrangers débarquent au garage pour repeindre leur fourgonnette. Tignasse décolorée, mulette féodale, barbe mal taillée, têtes de mort tatouées sur les bras. Des gueules de Navy Seals rescapés d'Afghanistan. Mais à la manière de tirer sur la prononciation des « a » et de bouffer les « r » à la fin des mots, je reconnais immédiatement l'accent britannique de celui qui supervise. Son nom de guerre est Swampy, il dirige une unité de démineurs internationaux affiliée à la police nationale ukrainienne. Pour combler une journée vide, il fume un cigare lourd. Je lui propose une bière, il nous propose une virée à l'ouest de Boutcha.

— Les prochains jours, on doit nettoyer les positions reprises aux Russes et déminer la zone. Si ça vous tente de filmer !

Je me tourne vers Boula :

— T'en penses quoi ?

— J'en pense que je commençais à devenir claustro dans ce putain de garage. Allons prendre l'air !

21 mai – Avec l'unité de démineurs EOD

Le rendez-vous avec l'équipe est fixé à l'aube dans un quartier résidentiel en bordure de Kyiv. Swampy fait partie de ces volontaires étrangers qui sécurisent le territoire après le passage de l'armée russe. Arboriculteur originaire de l'île de Man, entre l'Irlande et l'Angleterre, il a rejoint les rangs de la résistance ukrainienne en 2014. D'abord dans le Donbass, où il s'est battu dans les tranchées avec le très controversé bataillon Azov, avant de rejoindre l'unité de neutralisation des explosifs et munitions (EOD) de la police ukrainienne.

— Azov était ma porte d'entrée dans le conflit, même si je ne partage pas leurs idées politiques. Chacun vient ici pour différentes raisons. Mais pour beaucoup, faire la guerre est un moyen comme un autre de se retrouver aux premières loges de l'histoire.

À ses côtés, deux Australiens, un Anglais, une Ukrainienne et un Américain. Tous sont volontaires. La mission du jour : explorer les positions reprises aux Russes au nord de Borodyanka. Un passage éclair au siège de la police nationale pour récupérer les ordres de mission avant de prendre la route de l'Ouest. Escortés au son des sirènes par deux véhicules de police, nous traversons tous les check-points pied au plancher. Dans l'habitacle, les Sex Pistols saturent les enceintes. Les soldats engloutissent des canettes de Red Bull et braillent des « *God save the queen* » la main sur le cœur. Sur le pare-brise, ils ont scotché un panneau à tête de mort indiquant la présence de mines. En dessous du crâne, écrit au feutre rouge : « *I come, I fuck shit up, I leave !* » À croire que la démence de vivre diminue la peur de mourir. L'Australien Ayrton, alias Kookaburra, est certainement le plus fêlé du groupe. Un personnage à la Neal Cassady, pas vraiment conçu pour la production en série. Deux ans dans les mines de charbon du Queensland, deux autres sur une plateforme pétrolière en Papouasie-Nouvelle-Guinée, un mois au trou entre les deux, et fraîchement débarqué en Ukraine comme volontaire international dans l'unité de déminage des engins explosifs. Une vie vouée à l'exceptionnel.

En sortant du district Svyatochynskyi, la P30 s'enfonce dans une épaisse forêt de résineux. De chaque côté de l'asphalte, des tranchées ont été creusées pour y établir les systèmes d'artillerie qui défendent la ville d'une nouvelle attaque. En sortant des bois, nous contournons le fameux pont d'Irpin que l'armée ukrainienne a elle-même détruit pour ralentir l'avancée des chars russes. Les images de ces milliers de réfugiés traversant la rivière à pied ont fait le tour du monde.

À Borodyanka, ville martyre, les Russes ont laissé leur triste signature sur les murs : bâtiments éventrés par les frappes aériennes, parcs de jeux calcinés par l'artillerie, même la statue de Taras Chevtchenko a reçu une balle au milieu du front. Sur la place du marché, la vie reprend péniblement son cours. Quelques étals sont installés sur le parvis de la maison de la culture. On y distribue des rations alimentaires pour la faim et des vêtements pour le froid. Je découvre une population plongée dans l'abîme, traumatisée par ces hommes en vert venus du Nord. En apercevant notre caméra, une passante m'apostrophe dans la rue :

— Tous ces crimes commis au nom d'une prétendue croisade contre les nazis ? Où sont-ils, ces nazis ? À la fin de la guerre, un de nos deux pays sera victorieux, pourtant nous aurons tous les deux perdu. Car aucune victoire ne peut être célébrée dans le sang des innocents.

Cette pauvre dame a raison. La guerre n'est pas un jeu à somme nulle : ce que l'un perd, l'autre ne le gagne pas. Pour ce qui est de cette présumée opération de dénazification, elle pourrait faire doucement sourire si la situation n'était pas si tragique. La rhétorique consistant à brandir le nazisme pour justifier une intervention militaire est une méthode de propagande bien connue : *Reductio ad hitlerum.* Une manière pour le Kremlin de réveiller les vieilles gloires de la Grande Guerre patriotique. Mais la guerre de Poutine est simplement un impérialisme qui ne dit pas son nom. Et pour que la pilule passe plus facilement, il suffit d'inverser les rôles : l'agresseur se fait passer pour l'agressé. La Russie devient la victime des visées expansionnistes de l'Otan. L'invasion militaire se transforme en guerre de libération. Medvedev n'hésite pas à parler quant à lui d'« une Ukraine nazifiée dont la nature amorphe et ambivalente permet au nazisme de se dissimuler sous une aspiration à l'indépendance et à une voie de développement européenne et pro-américaine ». De son côté, Poutine construit depuis des années l'idée selon laquelle Volodymyr Zelensky serait un « néonazi drogué, marionnette des Occidentaux ». Un point de vue qui constitue aujourd'hui le narratif officiel de Moscou. Surprenant quand on sait que Zelensky est un Juif russophone du sud de l'Ukraine. L'idée selon laquelle il entretiendrait la haine des Russes est aussi ridicule qu'imaginer les nazis au pouvoir dans un pays où l'extrême droite a fait 2 % à la dernière élection présidentielle. Le Parlement ukrainien ne compte quant à lui aucun député nationaliste. Utiliser les milices Wagner pour bombarder des villes russophones enfonce le clou de l'absurdité.

Saluons tout de même le courage de certaines voix dissidentes en Russie, malheureusement trop peu nombreuses à s'élever, à l'instar de la journaliste Marina Ovsiannikova, qui osa brandir en plein direct sur la première chaîne de télévision russe, Pervy Canal, une pancarte où l'on pouvait lire en lettres capitales :

NON À LA GUERRE !
NE CROYEZ PAS LA PROPAGANDE !
ICI ON VOUS MENT !

Qualifiée de traître par son propre fils et condamnée à l'exil pour ne pas connaître le même sort qu'Anna Politkovskaïa, elle est aujourd'hui réfugiée politique en France. Bâillonné par la censure du Kremlin et la loi du 4 mars qui punit d'une peine de prison ferme quiconque émet de « fausses informations » sur l'armée russe, plus personne n'ose contredire le discours officiel. Le risque de démolir le mythe des libérateurs russes est devenu trop grand, la plupart des journalistes de l'opposition ont fui le pays.

À Borodyanka, Irpin et Boutcha, les habitants portent encore les stigmates des bombardements, brûlures au visage ou sur les mains, détresse plein les yeux. Des corps ont été découverts par centaines, abandonnés dans les rues de Boutcha depuis des semaines. Certains avaient les bras liés dans le dos et ont été abattus froidement d'une balle dans la nuque. Les corps sans vie ont ensuite été piégés avec des charges explosives, comme ce fut le cas pour Dmytro Tchaplyhine, un jeune homme de vingt ans torturé et exécuté par les soldats russes. On découvrit son corps sur la grève près d'une voie de triage, un fil de pêche reliant l'abdomen à une grenade. Ultime fait d'armes avant de quitter la zone, les soldats russes ont abattu tous les chiens de la ville pour sécuriser les pièges. À Irpin, Boutcha et Borodyanka, il faut déminer les cadavres avant de les enterrer.

Durant le trajet, Swampy m'explique que les mines antipersonnel font partie des pires inventions de l'homme car c'est la victime elle-même qui actionne le mécanisme de son propre malheur. Ces armes de petite taille sont conçues dans le but de blesser l'ennemi sans le tuer, mais en inscrivant dans son esprit des dommages psychologiques irrémédiables. Pour lui, les mines de type Bouncing Betty sont les plus dangereuses, conçues pour jaillir du sol et exploser à hauteur de taille en s'attaquant directement aux organes vitaux. Il me décrit également les mines à fragmentation OZM, de conception soviétique, qui sont extrêmement dures à désamorcer, en particulier lorsqu'elles sont reliées à des fils de déclenchement.

Au nord-ouest de Borodyanka, nous pénétrons un camp immense dissimulé sous une épaisse forêt noire. Sous les ramures en fleur, les Russes ont creusé un dédale de tranchées. Ici, comme à Verdun, l'homme s'est tapi dans la terre pour préparer sa guerre de position. Une trentaine de militaires de l'armée régulière ukrainienne sont déjà sur les lieux et entreprennent la collecte des bombes éparpillées dans les bois. Des milliers d'explosifs sont entreposés sous les arbres en attendant d'être transportés sur un terrain vague pour y être détruits. Si la catastrophe humanitaire est colossale, le cataclysme environnemental n'est pas moindre : forêts calcinées, terrains minés, cours d'eau contaminés, animaux désorientés… Gaz toxiques, particules fines et métaux lourds empoisonnent les hommes et assassinent les bêtes.

En septembre 2022, le sabotage des gazoducs Nord Stream 1 et 2 dans la Baltique entraînera la propagation de millions de tonnes de CO_2 dans l'atmosphère. Parallèlement, les grandes économies occidentales relancent la production de charbon pour se défaire de leur dépendance aux combustibles russes. Et alors qu'une partie des dirigeants mondiaux se réunissent dans les bureaux climatisés de la COP 27 à Charm el-Cheikh, en Égypte, le conflit ouvert par la Russie porte un gros coup aux espérances de neutralité carbone d'ici à 2050.

Devant ce triste spectacle et l'accumulation de stress, je sens mes nerfs qui lâchent :

— Ils salissent tout, tout, putain. Tout ce qu'ils touchent, l'air qu'ils respirent, le sol qu'ils foulent. Les hommes salissent tout, c'est leur fonction de parasite, salir, salir, et tout détruire.

— T'es à cran, mon garçon, me dit Swampy en balançant sa canette de Red Bull dans le maquis. Tiens, fume donc là-dessus.

Je m'exécute et aspire quelques bouffées d'herbe.

Quand je lui demande les raisons de son engagement en Ukraine, il me confie faire simplement sa part pour éviter la mort du plus grand nombre :

— La semaine dernière, nous étions en mission dans cette forêt. On a entendu une explosion et des hurlements. Un civil venait de sauter sur une mine. Tu vois, sans des mecs comme moi, d'autres mourront. Alors je fais ce que je sais faire, je nettoie.

Derrière la pudeur de sa réponse, j'essaye de deviner la motivation réelle qui anime ces hommes. Il serait banal de dire que c'est au contact de la mort que la vie prend toute sa valeur, pourtant ils sont nombreux à le penser. C'est un sentiment assez paradoxal et très rarement assumé par ceux qui en reviennent, mais la guerre représente un temps compact où se mêlent la peur, l'ivresse du danger, le tutoiement du destin. Tout est dur mais tout est vrai. L'existence culmine à son maximum d'intensité. Les sentiments les plus nobles côtoient les passions les plus viles : pendant que certains sont prêts à sacrifier leur vie pour une cause qui les dépasse, d'autres, au contraire, sombrent dans une barbarie primitive et se servent de la guerre comme alibi pour justifier toutes les horreurs.

Swampy s'allume une clope et ajoute :

— Pour beaucoup, la guerre apporte une réponse évidente à la question : « Quel est mon rôle dans la vie ? » Ici on est investi d'une mission, on se bat pour des idées, on appartient à une famille. L'individu rejoint la confrérie des soldats, la camaraderie des tranchées, le « je » se transforme en « nous ». Il existe une véritable loyauté envers le groupe. Plus que pour une nation ou pour une religion, les soldats sont prêts à mourir pour leurs frères d'armes. Évidemment, quand tu regardes les éléments de langage, à Kyiv ou à Moscou, chaque camp tente d'humaniser son groupe d'appartenance et de diaboliser l'adversaire. Lorsqu'on déshumanise son ennemi, le tuer devient un sacrement. Les Russes sont des « Orques » pour les Ukrainens. Les Ukrainiens sont traités de « nazis » par l'armée russe.

Équipés d'un simple casque, d'une paire de gants et d'un gilet pare-balles, Swampy et ses hommes passent au crible la forêt. L'excitation furieuse du matin a laissé place au calme et à l'autorité. Chacun son rôle, la cohésion entre ces hommes est totale. Kristina, la seule femme du groupe, est ukrainienne. Cadre supérieure dans une boîte de tech à Londres depuis plusieurs années, elle a décidé de tout abandonner pour défendre son pays.

— Initialement, je voulais trouver un moyen d'aider les enfants. Puis, en réfléchissant bien, j'ai pris conscience que le meilleur moyen de leur venir en aide était de participer au déminage des zones à risque. J'ai rencontré Swampy, qui venait d'arriver à Kyiv. Il avait besoin d'une traductrice, j'avais besoin d'un formateur. Dans un mois, je pars au Kosovo pour valider mon diplôme !

Nous continuons notre progression à travers les bois. Chaque position est fouillée, chaque tranchée est passée au crible, et lorsque Swampy pénètre un bunker à pas de loup, ma respiration s'emballe et mon cœur se serre. L'angoisse de la mine dissimulée dans une caisse de munitions, sous un dossier d'informations stratégiques, un fil relié à une grenade. À quelques mètres de la tranchée principale, un vieux chêne déformé par un projectile laisse couler sa sève sur le sol. La blessure est sérieuse. J'observe ses racines solidement ancrées dans la terre et ses branches tentaculaires éparpillées dans le ciel et me dis que rien ni personne en ce bas monde n'échappera à la folie des hommes. Naître libre sur une terre sauvage, traverser les siècles et les saisons, abriter les capricornes, loger les salamandres, offrir des perchoirs aux chauves-souris, résister au gel, à la foudre et aux tempêtes, échapper aux lames des tronçonneuses, aux inondations des barrages, aux incendies criminels et… mourir lamentablement à la guerre.

L'équipe de démineurs progresse lentement pour rallier le nord des positions russes et cartographier la zone. À partir du bunker central, c'est l'inconnu. Il faut utiliser un drone pour survoler la zone et analyser le terrain. Sur l'écran de contrôle, on peut facilement identifier l'emplacement des pièces d'artillerie et des différentes casemates. Quelques notes sur un calepin, le reste dans la carte mémoire. Les images seront analysées dans la journée et le plan d'action sera organisé en fonction des renseignements collectés. Demain, il faudra revenir. Le jour d'après aussi. Des décennies seront sans doute nécessaires pour que les enfants puissent à nouveau courir les forêts.

23 mai – Arman Soldin

Au Buena Vista, un bar cubain retranché au sous-sol d'un immeuble d'habitations et fréquenté par la plupart des journalistes étrangers, un téléviseur branché sur les chaînes d'infos en continu dévoile les images d'une offensive russe avortée dans l'est du pays. Des dizaines de blindés calcinés répandent leur fumée noire dans le ciel gris. Igor, le gérant du bar, ressemble au boxeur Oleksandr Usyk. Voyant que les images du front nous intéressent, il se penche vers nous pour commenter :

— La guerre, ça vous fait sortir un pays de l'anonymat. Regarde dans les années 90, qui connaissait la Bosnie ou le Kosovo ? Le Rwanda même ? Avec des morts par milliers, c'est le 20 heures assuré ! Aujourd'hui, même les Américains du Middle West connaissent le Donbass, t'imagines !

Il monte le son et pouffe devant les images de combattants russes abandonnant leur char en feu.

— L'armée de Poutine était la deuxième armée dans le monde, elle est devenue la deuxième armée en Ukraine !

Et très fier de son bon mot, il se met de nouveau à rire.

— Faut bien se marrer de temps en temps. Ça évite de se jeter dans le Dniepr.

Malgré la loi martiale, on peut trouver de l'alcool dans les bars entre 11 et 16 heures, et jusqu'à 21 heures quand on fraternise avec le patron. Dans certains repaires, on peut se laisser enfermer à l'intérieur et boire jusqu'à la levée du couvre-feu, le lendemain matin. Après deux ans de confinements dictés par le Covid, les Ukrainiens se plient désormais à celui imposé par la guerre. Igor reprend de plus belle :

— Si une info devait en chasser une autre, on peut dire que la guerre a eu raison du virus. Hein ! Poutine, Prix Nobel de médecine 2022. Allez, goûtez ça, les Français, de la prune que j'ai distillée deux fois pour être sûr !

— On trinque à quoi ?

— Toutes les raisons pour boire sont bonnes, du moment qu'on boit avec franchise. À vous de choisir.

Dans l'intimité des sous-sols du Buena Vista, les tournées s'enchaînent à la gloire de Dieu, de l'Ukraine, de ses héros, de la France, de l'Europe, de l'Otan, on boit à la victoire ukrainienne et à la damnation des Russes, au Donbass, à la Crimée, à Klitschko (en oubliant Zelensky), à la nuit, à l'espoir, aux veuves et aux orphelins de cette guerre, aux exilés, aux cœurs aimés, à saint Joseph, à nous, aux autres, à l'absurdité des choses, puis, ayant épuisé tous les motifs envisageables pour trinquer, on se laisse dériver jusqu'à l'hôtel pour y cuver notre prune « distillée deux fois ».

C'est dans ce rade aux murs épais que nous faisons la rencontre d'Arman Soldin. Sourire affable et joie de vivre contagieuse, pas un poil sur les joues mais des lunettes rondes sur le nez, Arman est l'archétype du journaliste engagé. À peine deux mois de guerre et déjà une expérience du front à faire pâlir les vieux briscards de la profession : Boutcha, Irpin, Kharkiv, Kherson. Doté d'une énergie vitale inépuisable, Arman sillonne les avant-postes sur la ligne de front pour témoigner de cette population qu'on assassine. Volontaire pour toutes les missions périlleuses, il a même trouvé le temps de sauver la vie d'une taupe qui s'était réfugiée dans une tranchée lors d'un bombardement. Pendant plusieurs semaines, Arman a nourri et soigné ce petit mammifère fouisseur baptisé Poilu avant de le rendre à la forêt. L'histoire fut racontée par la presse ukrainienne comme le symbole de cette humanité qui persiste au milieu du chaos.

Lorsque je lui demande les raisons de son engagement, Arman répond sans ambages :

— Je suis moi-même un enfant de la guerre. Je suis né à Sarajevo en 1992. Ma maison a été détruite sous les bombes serbes, ma famille s'est alors exilée en France. Dans l'avion affrété par l'armée française, Kouchner était assis près de nous. On avait passé le vol par terre à cause du manque de place, moi, abrité dans les bras de ma mère. À onze ans, je jouais déjà au journaliste et écrivais des flashs infos dans ma chambre. À seize ans, j'ai fait un montage intitulé *Sarajevo in War*. Des images du siège sur la musique de l'*Adagio d'Albinoni*. Aujourd'hui, j'ai décidé de raconter la vie de ces gens ordinaires coincés dans l'étau de la guerre.

Arman est un conteur hors pair, l'enthousiasme débridé, vivant dans l'urgence comme si la mort pouvait frapper demain. Ses conseils avant de partir sur le front de l'Est nous seront extrêmement précieux. Une fois rentré au pays, je continuerai à correspondre régulièrement avec lui. Il me racontera la contre-offensive dans le Nord-Est, depuis la ville d'Izioum où il sera l'un des premiers journalistes à pénétrer. Arman m'écrira aussi vouloir quitter l'AFP afin de retrouver son indépendance et contrôler davantage ses images. Je relis souvent sur mon téléphone l'un de nos derniers échanges :

— Je serai sûrement *freelance* l'été prochain. Besoin de me vider la tête. On pourrait peut-être travailler ensemble ?

— Ça serait génial ! Toi à la caméra, moi au stylo. Tout un tas d'idées en tête. En attendant, évite les pluies de roquettes à Bakhmout. On se voit vite au pays, camarade.

Arman Soldin est mort le 9 mai 2023, tué par un tir de roquettes Grad à Tchassiv Iar, près de Bakhmout. Une mission de trop, l'immense difficulté quand on se trouve au cœur de l'action de pouvoir dire stop, de tout arrêter. On s'était promis de se revoir après la guerre. Aujourd'hui, je suis triste de toutes les aventures que nous ne vivrons pas.

24 mai – Frontline Express

Après une dizaine de jours passés dans la région de Kyiv, nous rejoignons Kharkiv, où l'armée ukrainienne a lancé une série de contre-offensives pour repousser les Russes de l'autre côté de la frontière. La liaison ferroviaire vers l'Est et le Donbass a été renommée officieusement Frontline Express. Quant aux cheminots chargés d'évacuer les réfugiés des zones de combat, ils sont « les anges de fer ». Le quai est désert. Seuls quelques hommes en armes attendent le train qui les emmènera vers la guerre. Depuis le début de l'invasion, le Kremlin cible les nœuds ferroviaires pour empêcher les livraisons d'armes et le transport de matériel. Heureusement, la densité du réseau ukrainien permet des contournements et le train demeure toujours le moyen de transport le plus sécurisé du pays. L'Ukrzaliznytsia, la compagnie nationale, achemine dans un sens les soldats vers le front, et dans l'autre les millions de civils qui évacuent les zones de combat.

Je m'installe confortablement sur un siège en cuir, le nez collé à la vitre, les yeux plantés dans le paysage. Le temps s'égrène, l'esprit s'envole. Il y a quelque chose d'hypnotique dans le voyage en train, comme une méditation en mouvement. Pendant que Boula s'attelle au tri des images filmées ces derniers jours, je profite de ces quelques heures de rail pour terminer le manifeste d'Ernst Jünger : *La Guerre comme expérience intérieure.* Combattant allemand de la Première Guerre mondiale, Ernst raconte dans ce court texte à la croisée du récit et de l'essai son expérience de « journalier de la mort ». Il y décrit la vie des fantassins dans les tranchées, le baptême du feu, le travail, l'ennui, la camaraderie, et pousse la réflexion jusqu'aux sphères métaphysiques de l'expérience intérieure. Dans le chapitre intitulé « Pacifisme », je note ce passage :

> La guerre n'est pas instituée par l'homme, pas plus que l'instinct sexuel ; elle est loi de nature, c'est pourquoi nous ne pourrons jamais nous soustraire à son empire. Nous ne saurions la nier, sous peine d'être engloutis par elle.

Notre époque montre une forte tendance au pacifisme. Ce courant émane de deux sources, l'idéalisme et la peur du sang. L'un refuse la guerre par amour des hommes, et l'autre parce qu'il a peur.

Le premier est de la trempe des martyrs. C'est un soldat de l'idée ; il est courageux : on ne peut lui refuser l'estime. Pour lui, l'humanité vaut plus que la nation. Il croit que les peuples, dans leur furie, ne font que frapper l'ennemi de plaies sanglantes. Et que lorsque les armes ferraillent, on cesse d'œuvrer à la tour que nous voulons pousser jusqu'au ciel. Alors il s'arc-boute entre les vagues sanglantes et se fait fracasser par elles.

Pour l'autre, sa personne est le bien le plus sacré ; par conséquent il fuit le combat, ou le redoute. C'est le pacifiste qui fréquente les matchs de boxe. Il s'entend à revêtir sa faiblesse de mille manteaux chatoyants – celui du martyr de préférence –, et bon nombre d'entre eux ne sont que trop séduisants. Si l'esprit d'un peuple entier pousse dans ce sens, c'est le tocsin de la ruine prochaine. Une civilisation peut être aussi supérieure qu'elle veut – si le nerf viril se détend, ce n'est plus qu'un colosse aux pieds d'argile. Plus imposant l'édifice, plus effroyable sera la chute.

De quoi tirer un parallèle pertinent avec la situation actuelle. Biberonné au « Plus jamais ça ! », à l'Europe pacifiée, au désarmement des pays, on redécouvre finalement que la paix n'est que la courte trêve entre deux guerres. Les erreurs de prospective et la naïveté des dirigeants européens ont permis à Poutine de frapper fort. Dans l'opinion internationale, le deux poids, deux mesures en matière de traitement des crimes de guerre entre Bush et Poutine, entre l'Irak et l'Ukraine, a sonné le glas de la *pax americana*, cette période de « paix » où l'économie régnait sur le politique sous domination états-unienne. Nous entrons dans une nouvelle phase de monde multipolaire. Et pendant que la plupart des régimes autoritaires se préparent aux combats futurs, nos démocraties pinaillent sur le sexe des anges.

Je me souviens de cette remarque formulée par Seiby quelques jours auparavant :

— En Ukraine, nous glorifions les héros alors que vous semblez entretenir le culte des victimes. Ça laisse augurer de la capacité des peuples à se prendre en main, tu ne trouves pas ?

L'observation me semblait quelque peu simpliste, pourtant je ne pus me résoudre à la contredire. À l'instar de Gérard Chaliand, je pense que, avant de devenir un privilège, « la liberté est un choix, une exigence et un combat ». Certaines nations nous offrent une véritable leçon de bravoure et de dignité. Il faut s'en inspirer ! Indépendante depuis trente ans, l'Ukraine connaît mieux que quiconque le prix de sa liberté. Quatre-vingts années de paix et de stabilité politique dans le reste de l'Europe ne nous auraient-elles pas embourgeoisés au point d'en banaliser la fragilité ? Nous sommes en phase de digestion consumériste et historique, ballottés, somnolents, plongés dans une profonde léthargie intellectuelle, ne risquant rien mais ayant peur de tout, incapables du moindre combat, absents des grands rendez-vous, de la Palestine à l'Ukraine, de la biodiversité au climat. Nous vivons dans l'arrogance du passé. C'est peut-être le triste destin des démocraties, être vouées à se consumer elles-mêmes par péché d'orgueil.

25 mai – Kharkiv – Quatre-vingt-neuvième jour de guerre

En arrivant à la gare de Kharkiv-Passajyrskiy, nous sommes immédiatement contrôlés par une unité de la Défense territoriale lourdement armée. La proximité géographique de la Russie renforce la suspicion des autorités ukrainiennes face à la présence d'espions. Dans la rue, le kaki est à la mode. Les habitants qui n'ont pas fui sont restés pour se battre. Fusils de chasse, AK-47, cocktails Molotov, les civils ont dépoussiéré les armes pour stopper l'avancée russe. La ville est en état de siège depuis le début de la guerre : avenues désertes, commerces barricadés, bombardements quotidiens, on est loin du printemps fleuri de la capitale. Plus de cent quarante obus par jour au plus fort des combats. Les quartiers nord de Saltivka ressemblent à un immense cimetière de pierre. Ces barres d'immeubles bâties en périphérie pour entasser les travailleurs les plus pauvres servent aujourd'hui de remparts contre les tirs d'artillerie. Le centre-ville est quant à lui devenu la cible de frappes aériennes quotidiennes.

Comme à Kyiv deux mois plus tôt, l'armée de Zelensky a entamé avec succès sa contre-offensive en reprenant les villages de Tcherkassy, Tychky, Rouski Tychky, Borchtchova et Slobojanske. Mais si les Russes reculent, les bombardements demeurent. Les habitants sortent peu à peu des caves où ils vivent depuis trois mois. Le teint blafard et les joues creuses, ils goûtent la joie du grand air retrouvé. L'étau russe se desserre, il est temps de panser les plaies.

Aujourd'hui, à Kyiv, le verdict du premier procès de prisonnier russe est tombé. Vadim Chichimarine, soldat de vingt et un ans originaire d'Irkoutsk, en Sibérie, a été reconnu coupable de « crime de guerre » pour avoir exécuté, fin février, un civil de soixante-deux ans dans la région de Soumy, dans le nord-est de l'Ukraine. Il est condamné à la prison à perpétuité.

Ôter la vie d'un homme sous les ordres d'un commandement militaire ou le tuer de son propre chef n'entraîne pas les mêmes conséquences. Dans un cas, on agit sous mandat officiel, l'exécutant devient un « technicien de la mort ». Dans l'autre cas, on répond à ses propres injonctions personnelles, l'exécutant devient un criminel de droit commun. Les médailles pour le premier, les barreaux pour le second. Mais comment qualifier une armée qui bombarde des civils ?

Devant la lourde sentence, Vadim justifie son acte en invoquant le devoir d'obéissance aux ordres de ses supérieurs. Voilà qui n'est pas sans rappeler le procès d'Eichmann et le principe de banalité du mal développé par Hannah Arendt. L'idée selon laquelle « le mal ne réside pas dans l'extraordinaire mais dans les petites choses, une quotidienneté à commettre les crimes les plus graves ». Ainsi, selon ce schéma de pensée, Vadim Chichimarine serait un simple rouage dans la mécanique du mal, les rapports d'autorité suspendant tout jugement moral chez ces fonctionnaires de l'horreur.

Dans le journal du matin, la photo du jeune soldat au visage rongé par le remords me pince le cœur. Je pense à tous ces Bouriates, Sibériens, Daghestanais, Kazakhs, à tous ceux qui, issus des minorités ethniques de la Fédération de russie, sont enrôlés de force et propulsés aux premières lignes pour servir de chair à canon. Le Kremlin mise sur l'idée que ces minorités seront moins susceptibles d'organiser des manifestations d'ampleur que les habitants des grands centres urbains, et qu'avec elles l'opinion publique ne trouvera pas grand-chose à redire. Force est de constater qu'il a vu juste.

26 mai – Mission dans la zone grise

8 heures. Agenouillé sur la chaussée, Pavel vérifie l'état des pneus de sa Dacia. Aucun éclat d'obus dans la membrane, seulement quelques trous dans la carrosserie et une jolie fente sur le pare-brise. Il analyse le ronflement rauque du moteur, vérifie le niveau d'huile et referme le capot d'un geste franc.

— Aujourd'hui, il va falloir rouler à fond pour éviter les tirs d'artillerie ! On y va, on fait le boulot et on rentre sans traîner. Éteignez vos téléphones pour ne pas être localisés par les services de renseignements russes, et lorsque nous sommes en voiture, pensez à enlever vos casques pour éviter que les snipers ennemis vous prennent pour des militaires.

— Civils ou militaires, font-ils seulement la différence ?

Pavel est éleveur de chiens et garde forestier. Pendant que les hommes s'entretuent, il risque sa vie pour sauver les bêtes. Depuis les premiers jours de guerre, il resquille dans la zone grise, entre les lignes d'artillerie des deux armées, et passe au crible les villages pour récupérer les chiens abandonnés. Voilà un geste de bravoure qui humanise un monde inhumain. Les volontaires de la Croix-Rouge profitent de sa science du terrain pour ravitailler les habitants bloqués sous les bombardements. Casques sur les genoux, gilets pare-balles sur le torse, laissez-passer du ministère de la Défense dans la poche, nous prenons place dans le véhicule. Cap sur la zone grise.

Le programme du jour est simple : effectuer un repérage dans les villages fraîchement libérés au nord de Kharkiv, filmer, recueillir quelques témoignages, et rentrer à l'hôtel en un seul morceau. Les jours suivants, nous accompagnerons Pavel et sa femme Svitlana dans leur mission de sauvetage des chiens abandonnés.

En franchissant les faubourgs de la ville et ses immeubles gargantuesques, on est immédiatement plongé dans la campagne profonde. Le cycle des saisons accomplit son méthodique travail de régénérescence, les forêts ont retrouvé leur verdure. Le printemps sent la lumière. Pourtant, au milieu de ces parfums de sève et de bourgeons en fleur, les villages de l'oblast se meurent. Pas un mur qui ne soit ébranlé, pas une voiture qui ne soit calcinée. L'enfer s'est répandu sur la région comme une encre noire.

Sur les routes de campagne qui relient entre eux les villages de la zone grise, nous traçons une ligne droite dans un paysage lunaire façonné par les cratères de bombes. Chaque once de terres agricoles a été soigneusement labourée par les chars russes. Des missiles non explosés, plantés par centaines la tête en bas, forment de petites constellations d'arbres en fer. Dernier détail pour compléter la scène : les hommes venus du Nord ont semé des mines un peu partout comme on sèmerait le bon grain aux premières lueurs du printemps.

— Ces parcelles de terre autrefois cultivées ne servent plus à nourrir mais à mourir, conclut Pavel d'un ton placide.

Pavel n'est pas du genre bavard ou expressif. Une gueule à digérer les émotions sans sourciller, impassible comme une statue de saint Georges. Pas curieux pour un sou, il semble se foutre royalement de tout ce qui ne concerne pas directement ses animaux. Il ne pose jamais de questions, sauf pour taper des clopes ou demander de l'argent pour l'essence. Sa peau est partiellement couverte de petites plaques d'eczéma, surtout sous les oreilles et aux encoignures du nez. Quand il conduit, il a toujours une cigarette collée aux lèvres pour mieux digérer le stress. Dans l'habitacle, ça pue la sueur, le tabac et les croquettes. Casquette vissée sur le front, bottes de l'armée belge aux pieds et fusil de chasse dans le coffre, calibre 10, pour le gros gibier venu du Nord.

Sur les portions d'asphalte encore praticables, nous roulons pied au plancher pour éviter les tirs ennemis. Peu de végétation, pas de relief, nous évoluons entièrement à découvert. Dans l'habitacle, on ne parle plus.

Respiration saccadée, pupilles dilatées, poitrine gonflée. La peur pèse sur les os. Je suis assis côté passager, ridicule de vulnérabilité avec mon pare-balles en fonte, un garrot tourniquet en plastique, un livre de John Fante dans la poche et des prières plein la tête. Quand le danger rôde, on réactive instinctivement la fibre religieuse et on se met à croire à la possibilité d'un ailleurs.

Plus on avance vers les Russes et plus je repense aux récits de Paul Marchand, ce journaliste déjanté qui fonçait sur Sniper Alley au volant de sa Ford Sierra, *Sympathy for the Devil* saturant les enceintes, en plein siège de Sarajevo. Sur le capot de sa voiture était inscrit en lettres capitales « *DON'T WASTE YOUR BULLETS, I'M IMMORTAL* ». Il fut finalement rapatrié par la Forpronu après qu'un projectile de 7,52 millimètres tiré par un sniper serbe lui eut arraché le bras.

Sur cette Sniper Alley ukrainienne, au volant de sa Dacia perforée par des éclats d'obus, Pavel semble rendre hommage au journaliste français aujourd'hui disparu.

— Plus on roule vite et plus ils auront du mal à nous abattre. Le plus dangereux, ce sont les tirs de roquettes. Et les mines, bien sûr !

Mon cœur se serre. Pavel nous demande de laisser les fenêtres ouvertes pour entendre le sifflement des obus et nous ordonne de défaire nos ceintures de sécurité afin que nous soyons prêts à sauter du véhicule en cas d'embuscade.

— Tu vois, ces formes blanc et noir étendues dans les hautes herbes ? Ce sont des cadavres de vaches !

Elles ont sauté sur des mines. Mais soyez tranquilles, je connais la région comme ma poche.

— Nos vies sont entre tes mains, Pavel.

— C'est bien, je vois que tu t'es converti au fatalisme slave !

La voix brusquement enjouée, le sourire fier, Pavel semble apprécier l'instant. À l'image de Swampy qui nettoie la région de Boutcha avec son équipe de volontaires internationaux, la guerre agit sur Pavel comme un catalyseur d'existence : nouvelles responsabilités, intensité de l'action, sentiment d'appartenance à un groupe. Aussi étrange que cela puisse paraître, l'horreur est là mais la routine n'est plus.

Peu avant notre arrivée dans le village de Vilkhivka, nous louvoyons au milieu d'un convoi de l'armée russe entièrement calciné. Environ trente véhicules blindés, des BMP servant au transport des troupes d'infanterie, des tanks T-90 et T-80, des camions de ravitaillement. Depuis Borodyanka et Boutcha, je suis surpris par le nombre de chars d'assaut russes qui gisent au bord des routes. Sur la plupart d'entre eux, un défaut de fabrication transforme les tourelles en véritables poudrières. Il n'est pas rare de les retrouver à plusieurs dizaines de mètres du corps inerte du tank. L'explication viendrait de la zone de stockage des munitions, rangées directement dans le puits de la tourelle située juste sous l'équipage. Une zone fragile au blindage léger qui explose au moindre feu en emportant l'équipage en enfer. Un talon d'Achille immédiatement exploité par les soldats ukrainiens à l'aide des armes antichars livrées par les États-Unis et le Royaume-Uni. Nous nous arrêtons quelques minutes pour réaliser des images.

— N'hésite pas à faire de longs plans fixes. Et des plans serrés sur les « Z » et les tourelles qui ont sauté.

Soudain, des tirs d'artillerie retentissent de l'autre côté d'un bosquet, à cent mètres de nous.

— Putain, c'est tout près !

— T'inquiète pas, ils tirent sur les Russes. Ce sont des BM-21 Grad. Ça envoie quarante obus quasi instantanément. Généralement ils sont utilisés lors d'une attaque pour saturer rapidement la zone ennemie.

— Une attaque ? Mais les Russes sont à combien de distance ?

— Je dirais quatre ou cinq kilomètres tout au plus.

— Partons vite d'ici avant la riposte !

C'est dans ces villages périphériques que les Russes ont installé leur artillerie pour pilonner Kharkiv depuis le début de la guerre. Vilkhivka, trois fois libérée, trois fois reprise !

Dans ces zones occupées, une partie des habitants a été « évacuée » de force vers des camps de filtration, où ils ont été interrogés sur leurs relations avec l'armée ukrainienne et leurs opinions politiques. Des hommes affiliés au FSB ont confisqué leurs téléphones, saisi leurs pièces d'identité, les ont ensuite photographiés et envoyés en Russie dans des régions économiquement sinistrées comme la Sibérie ou Sakhaline. Depuis le début de « l'opération militaire spéciale », plus de 1,2 million d'Ukrainiens auraient ainsi été évacués de force. Parmi eux, vingt mille enfants manquent toujours à l'appel. Sous le couvert d'accueillir des orphelins, Moscou utilise le kidnapping comme arme de guerre. Anéantir une partie de la jeunesse ukrainienne sous les bombes, envoyer l'autre en Russie où elle subit un lavage de cerveau et une rééducation totale. L'objectif de la manœuvre : tuer l'Ukrainien dans le cœur de l'enfant afin qu'il devienne un citoyen russe.

15 heures. À Vilkhivka, ça sent la tourbe et le charbon. Toutes les maisons de la rue principale ont été réduites en tas de gravats. L'asphalte est lacéré par des éclats d'obus. Les rues sont jonchées de débris, de douilles de balles, de véhicules calcinés.

— Il y a quelques jours, on a découvert un charnier où avaient été entassés une dizaine de soldats russes. Je crois qu'ils n'y sont plus mais je sais où ils ont oublié d'enlever des corps. Vous voulez voir ?

On échange un regard crispé avec Boula.

— Montre-nous !

La guerre, c'est d'abord des cadavres, des gueules cassées, des dépouilles puantes. Certains journalistes cherchent à éviter la rencontre, par pudeur ou par dégoût. Par lâcheté parfois. Pourtant la mort est l'ultime vérité des conflits. Elle dit l'absolue finalité de chaque camp : tuer avant d'être tué. Devant la petite école de Vilkhivka, rasée par les bombardements, un militaire russe est allongé dans l'herbe. Sa tête explosée répand un liquide gluant sur le sol. Au vu de la putréfaction du corps et de l'odeur qui s'en dégage, la mort a fauché le soldat au moins deux semaines avant notre passage. L'armée ukrainienne n'a pas encore nettoyé la zone, indication à prendre en compte quant à la présence de mines dans les environs. Pavel me fait signe d'approcher :

— Regarde, un chien errant lui a dévoré le bras.

Il s'allume une clope et sourit :

— T'avais déjà vu ça, Frantsouzskiy ? Ça pue, un cadavre qui pourrit, hein ? Avec toutes ces mouches et toutes ces bestioles qui ont commencé le grand nettoyage. C'est comme si la nature réglait ses comptes.

Il crache une salve de tabac sur le sol avant d'ajouter :

— Fais pas cette tête. Les morts ne sont pas à plaindre, je dirais même qu'ils sont exonérés du malheur de la vie. Ils ne sont plus dans l'incertitude, l'angoisse est terminée. Seuls ceux qui souffrent sont à plaindre.

La lente décomposition est à l'œuvre. À certains endroits, la peau du cadavre s'est teintée de couleurs pourpres et violacées, les *livor mortis*, les « lividités cadavériques ». Je me tourne vers Boula, qui s'est également allumé une cigarette pour chasser l'odeur.

— J'aimerais filmer ses pieds immobiles dans les hautes herbes ! Ça me fait penser au poème de Rimbaud : « Il est étendu dans l'herbe, sous la nue, / Pâle dans son lit vert où la lumière pleut. »

— Tu te fous de ma gueule avec tes poèmes ?

— Mets-toi sur le côté et ne filme pas son bras ni sa tête explosée. Voilà, filme juste les jambes en plan fixe et les herbes qui bougent dans le vent.

Boula s'exécute sans rien dire. Il s'approche du cadavre, installe le trépied sur l'herbe, la caméra sur le trépied, l'œil dans la caméra. Tout est calme. Le concert des bombes se fond dans le lointain.

27 mai – Hôtel Chemodan

10 heures. Situé dans le district de Chevtchenkivskyi, au nord-ouest de Kharkiv, notre hôtel jouxte l'avenue Klochkivska, axe principal emprunté par l'armée ukrainienne pour gagner les premières lignes. Alors que je rédige mes notes du jour, un char d'assaut passe à vive allure sous les fenêtres de ma chambre en direction du centre-ville. À chaque accélération, il crache des ronds de fumée noire comme une machine sortie de l'imaginaire de Miyazaki. Quelques minutes plus tard, ce sont des colonnes entières de soldats qui rentrent du front assis par grappes de dix sur des tanks cabossés, les joues charbonneuses, abrutis par le manque de sommeil, le corps voûté d'avoir trop vécu, le visage creusé d'avoir peu mangé. De leurs yeux débordent l'horreur des champs de bataille, l'indicible cauchemar des tranchées, l'indescriptible souvenir d'une danse avec la mort.

14 heures. Pendant que je me creuse la tête pour organiser les plans de tournage des prochains jours, Boula en profite pour faire le tour du quartier.

— Je vais poser le trépied dans la rue et filmer un char d'assaut qui revient des premières lignes.

— D'accord mais sois discret, il est interdit de filmer les check-points et les zones stratégiques.

Évidemment, cette recommandation jetée par-dessus l'épaule aurait mieux fait d'être un ordre strict. Alors qu'une colonne de tanks approche de l'hôtel en descendant du nord par l'avenue principale, j'aperçois Boula au milieu du terre-plein central, opérant un magnifique plan fixe du convoi franchissant le check-point. La suite des événements était prévisible : gyrophare de police, arrestation, retour à la chambre escorté par deux militaires passablement en colère, négociations, suppression des images filmées, et, après une réprimande verbale, nous saluons les officiers en leur souhaitant la victoire prochaine.

— Putain, mais quelle idée de te foutre au milieu de la route ? T'aurais pas pu trouver un endroit plus discret ?

— Je voulais respecter la symétrie du plan fixe !

— « La symétrie du plan fixe » ? À la bonne heure ! Nous voilà bien avancés maintenant qu'ils ont effacé les images.

— « Effacé » ? Tu crois vraiment que j'ai supprimé les rushs ? Viens voir !

Je m'assois devant son ordinateur et observe incrédule.

— Regarde, ils m'ont demandé de déplacer les images de la carte vers la corbeille. Ce que j'ai fait. Mais ils ne m'ont pas demandé de vider la corbeille !

— Tu te fous de moi ?

— Si je te le dis, regarde.

Et par une simple pression de deux touches du clavier en simultané, toutes les images réapparaissent sur la carte.

— On s'en sort bien sur ce coup-là, mais à l'avenir,

plus question de filmer les check-points, les convois militaires ou les transports de troupes sans accord préalable.

— J'ai compris, j'ai compris.

Malgré cette anicroche dont le souvenir nous fait aujourd'hui sourire, je profite de ces quelques lignes pour remercier mon compagnon d'aventures. Camarade entre tous s'il ne fallait en choisir qu'un pour ce genre de missions périlleuses, il faut ajouter à ses qualités de cadreur hors pair une bonne humeur inaltérable et un sens de l'humour capable d'alléger les situations les plus rudes. La complémentarité de nos compétences vient sceller l'harmonie parfaite de l'équipe.

28 mai – Sanya, fantôme de la zone grise

7 heures. Ce matin, l'aube a une couleur de métal froid. Le ciel s'est drapé de grisaille comme un dernier hommage à l'hiver. De la fenêtre de ma chambre, rien ne bouge. Pas même le feuillage des viornes obscurci par ce jour sans lumière. J'enfile mon manteau et remonte à pied l'avenue Klochkivska. Au bout de cette route abîmée par la guerre, la Russie. À peine trente kilomètres jusqu'à la frontière et soixante-dix jusqu'à Belgorod. Le check-point au coin de l'avenue est désert. Les rues aussi. Je marche jusqu'au parc et m'assois quelques minutes sur l'herbe pour observer les eaux du lac. Le monde semble jeune, plein de promesses. Les hirondelles virevoltent dans le ciel sans tenir compte du « *No fly zone* ». Au milieu de ma contemplation, je me rends compte

que le fracas des bombes n'a jamais cessé depuis tout ce temps passé dehors. Il appartient désormais au bruit de fond qu'on oublie par habitude au même titre que l'orage un soir de tempête.

Aujourd'hui, Pavel rend visite à un vieux compagnon retranché au cœur de la zone grise pour lui apporter de quoi survivre. Sanya est éleveur. Tel un damné de l'existence, il erre dans les limbes de l'entre-deux : devant, les lignes d'artillerie russes ; derrière, les canons ukrainiens. Avant le 24 février, il était l'homme le plus pauvre du village. Les premières semaines qui ont suivi l'invasion, il est devenu l'homme important, capable de nourrir ceux qui n'avaient pas fui grâce à ses collectes de lait et son fromage de chèvre. Depuis un mois, il est le dernier habitant du village.

— Il n'a pas pu abandonner ses bêtes, vous comprenez ! Il est comme ça, Sanya, pas un grand bavard avec les hommes, mais une entente parfaite avec les bêtes, il les aime, ses bêtes. Pouvait pas les abandonner sous les bombes, alors il est resté avec elles. Vous avez un peu d'argent sur vous ?

— 250 hryvnias et quelques kopecks ! Pourquoi ?

— Pour des cigarettes ! Les autres de la Croix-Rouge, ils distribuent pas les cigarettes, alors faut bien que quelqu'un lui apporte. Quarante ans qu'il fume, c'est pas la guerre qui va le faire arrêter. Venez, on y va !

10 heures. Après un rapide passage au marché couvert de Saltivka, nous reprenons la route du Nord. Nouvelle journée, même protocole : fenêtres ouvertes, ceintures

détachées, gilets pare-balles sur la poitrine, casques sur les genoux, contrôles d'identité aux check-points, nouvelle virée près de la ligne de front. Depuis 2014, la zone grise représente cette étroite bande de terre où les villages sont pris entre deux feux, tour à tour envahis puis libérés au rythme des offensives. Initialement située dans le Donbass, elle s'est aujourd'hui répandue du nord de Kharkiv à l'ouest de Kherson. Mieux vaut se tenir au courant quotidiennement des mouvements de troupes adverses, un village situé en zone libre un jour donné peut être occupé par l'armée russe le jour suivant.

Après seulement quelques kilomètres parcourus en rase campagne, nous sommes stoppés net au milieu de la route. Un cratère d'environ trente mètres de diamètre empêche tout passage.

— Regardez-moi ces lâches ! Hier la route était encore praticable.

Pavel s'avance pour mesurer la profondeur du cratère.

— Ils ont ordre de bombarder Kharkiv, mais maintenant qu'on a reçu les Stinger américains, ils n'osent plus survoler la ville. Alors ils larguent leurs bombes n'importe où et font demi-tour sans prendre de risques. On va devoir contourner !

Depuis quelques semaines, les bombes russes équipées de systèmes de guidage automatique s'épuisent. Pour plus de précision, les pilotes russes sont contraints de voler à basse altitude et à basse vitesse au plus près des cibles visées. Certains préfèrent larguer leurs bombes le plus rapidement possible et rentrer à la base.

— Celle-là a certainement été larguée par un Soukhoï

Su-25, un avion d'attaque au sol recyclé en bombardier. Ils commencent à manquer de matériel ! La chute est proche.

Pour confirmer ses dires, Pavel veut absolument nous faire visiter les tranchées russes reprises quelques semaines auparavant. Impatient, il se met à couper à travers champs.

— Pavel, tu es sûr que la zone n'est pas minée ?

— Je sais où je mets mes roues. Je suis passé plusieurs fois par ici, vous allez voir !

Après une folle chevauchée dans les hautes herbes, le véhicule parvient à l'orée d'une forêt. J'aperçois alors de jeunes militaires ukrainiens regroupés en demi-cercle, l'œil dans les jumelles en direction d'une cible potentielle.

— Qu'est-ce qu'ils font là ? Venez, on va voir si la zone est bouclée. Les tranchées sont juste de l'autre côté.

Alors que je sors du véhicule et emboîte le pas de Pavel, un tir de roquette déchire le silence. Mon sang se fige. À quelques mètres, un soldat que je n'avais pas vu vient de tirer avec un AT-4, un lance-roquettes antichar de 84 millimètres.

— Ils visent le véhicule blindé là-bas. Les Russes l'ont abandonné dans leur débâcle. C'est juste un entraînement.

J'échange un regard avec Boula, qui a été surpris comme moi par la détonation. Depuis ce matin, il reste silencieux. Je crois que le bruit des bombes lui flanque des insomnies.

Dans la tranchée ravinée par les pluies de printemps, ça sent la mort. Une odeur d'excréments et de sang humains. En dépit des averses successives et des parfums de sève, elle semble s'accrocher au paysage, à la terre et aux arbres, ancrée de manière indélébile dans la substance des choses. La guerre, « cet opéra sordide et puant », comme disait Jean Echenoz. En se faisant passer pour un simple villageois, Pavel a localisé cette position russe et transmis les coordonnées à l'armée ukrainienne. Quelques heures plus tard, toute la zone était bombardée par l'artillerie et la plupart des soldats russes étaient morts. Les autres s'étaient enfuis à travers les bois. Pavel fait défiler sur son téléphone les photos des cadavres enchevêtrés. Ils ont adopté la position fœtale avant de mourir comme si la vie n'était finalement qu'un cycle très banal. Ont-ils vu la mort surgir ou ont-ils été saisis par surprise ? D'un hochement de tête, Pavel m'indique le trou de terre plein de fantômes :

— Les carcasses froides, c'est tout ce qu'il reste des hommes une fois que la vie est partie. Ils étaient neuf là-dedans. Neuf carcasses froides. Neuf vies qui s'achèvent comme ça, en un claquement de doigts. Tenez, regardez l'équipement qu'ils utilisent. Des casques et des masques à gaz qui datent de la Seconde Guerre mondiale. Elle est belle, la plus grande armée du monde !

En Ukraine, les massacres s'enchaînent depuis des siècles au rythme des tragédies de l'histoire : crimes des tzars, crimes des bolcheviks, meurtres de masse sous Staline, pogrom des Juifs par les nazis, déportation des Tatars de Crimée, et aujourd'hui encore l'écho des canons résonne sur les plaines d'Ukraine. Le sol de la tranchée est jonché de caisses de munitions, de casques, de sacs de couchage, de rations alimentaires. Les vêtements d'hiver et les chapkas ont été abandonnés aux premiers jours de soleil. Des pages de bandes dessinées et des lettres personnelles se mélangent aux ordres de mission, aux feuilles d'inventaires, aux cartes stratégiques. Je me tourne vers Boula qui filme le décor :

— Quand on voit où ils ont vécu, on plonge un peu dans leur intimité.

— C'est fou ce qu'il peut y avoir comme machines à laver dans les tranchées.

— J'imagine qu'ils comptaient les ramener en Russie. C'est dire l'extrême pauvreté de ces types et l'état de délabrement de l'armée russe.

Pavel ajoute :

— Des Bouriates, des Sibériens, des Daghestanais, des Kazakhs, il y a une surreprésentation des minorités ethniques dans les forces armées régulières russes. Sans parler des bataillons tchétchènes aveuglés par la folie de leur chef suprême, Ramzam Kadyrov.

— Comment tu expliques ça ?

— Plusieurs raisons. D'abord, l'armée permet à ces « non-Slaves » souvent stigmatisés par les Russes ethniques de grimper dans l'ascenseur social et d'échapper à leur condition de prolétaires des confins. Ensuite, le Kremlin se méfie des liens familiaux entre de nombreux Russes et Ukrainiens et préfère envoyer des « non-Slaves » pour éviter toute déconvenue. Enfin, si tu commences à liquider une partie de la jeunesse de Saint-Pétersbourg ou de Moscou, propagande ou pas, le peuple se révoltera !

Les dirigeants du Kremlin ont encore en mémoire le rôle des babouchkas qui ont précipité la fin de la guerre d'Afghanistan. Envoyer des paysans sibériens à la mort, tout le monde s'en moque.

À mon retour en France paraîtront les premiers récits des déserteurs russes. Des lignes bouleversantes remplies d'incompréhension quant aux motifs de « l'opération spéciale » orchestrée par Poutine. Pavel Filatiev, sergent de la 6e compagnie d'assaut aéroportée, écrira aux premières heures de la guerre : « Les combattants de notre colonne se demandent aussi où nous allons et dans quel but. C'est écrit sur leurs visages fatigués et déconcertés, mais que faire ? Sauter en marche, jeter sa mitraillette et s'écrier "Je ne bougerai pas d'ici tant qu'on ne m'aura pas expliqué ce que nous faisons !". Tout le monde avance, enrageant en silence. »

Plus loin encore, il note : « Est-ce que nous faisons feu sur les Ukrainiens qui nous attaquent ou sur l'Otan ? Ou est-ce que nous attaquons ? L'Ukraine nous a attaqués avec l'aide de l'Otan ? »

L'incompréhension pour ces jeunes soldats est totale.

— Si vous avez besoin de pisser, n'allez pas trop loin. Les Russes ont miné toute la forêt. Ils ont simplement laissé des corridors pour pouvoir s'échapper, mais on ne les a pas encore identifiés.

Nous voilà informés !

— Dans cette tranchée, j'ai trouvé une caisse de grenades RGD-5. Je les ai utilisées pour piéger ma maison de campagne.

— Comment ça ?

— Eh bien, j'ai placé douze grenades reliées à des fils de pêche. Si l'idée vient à un Russe de pénétrer chez moi, on recevra des morceaux jusqu'à Belgorod. Bon, allons voir Sanya !

13 heures. Le village de Sanya est encaissé entre deux collines au bout d'un champ de cratères. Un amoncellement de pierres éclatées signale l'emplacement de ce qui devait être autrefois une maison avec son lot d'histoires personnelles. En face, les restes d'une étable avec ses greniers à foin et son silo pour le grain. Plus loin, à l'extrémité d'un chemin de terre, les baraquements fragiles où l'éleveur abrite ses chèvres. Il règne sur l'endroit une impression de sursis. Sanya a quarante-huit ans mais paraît en avoir dix de plus à cause de sa barbe mal taillée et de son visage creusé par la guerre. Il se confie :

— Dans le village voisin, un vieux a explosé sur une mine en allant planter des graines au jardin, alors aujourd'hui plus personne n'ose planter quoi que ce soit. Le problème, c'est que le cimetière a été bombardé. Il faut bien enterrer les morts quelque part. Regardez toutes ces croix de fer et ces stèles de pierre. Dans la plupart des jardins, le minéral a pris la place du végétal, les tombes ont remplacé les cyprès.

Dans l'étable, une vieille carcasse de bagnole a été recyclée en bac à foin. Sanya saisit une chèvre, s'assoit sur un petit tabouret en bois et entreprend la traite en prenant soin de ne pas perdre une goutte de lait. L'opération terminée, il filtre le tout et nous tend un verre à chacun.

— Ce n'est pas du ratafia au miel mais je n'ai que ça à offrir.

— Ça fait longtemps que tu n'as plus d'électricité ?

— Depuis le début de la guerre. Il faudrait libérer Lyptsi, c'est là qu'il y a la centrale.

— Et ça va ? Le froid de l'hiver ne t'a pas…

— Le froid de l'hiver est inscrit dans notre sang ! C'est pas un problème. J'ai grandi sans électricité, alors me chauffer au poêle, je connais. Et puis, contrairement à d'autres, j'ai toujours un toit sur la tête, alors je ne vais pas me plaindre, ça serait insulter ceux qui n'ont plus rien. Le problème, c'est pour aller chercher le bois. On sait jamais où on fout les pieds, avec leurs mines c'est foutrement dangereux. J'ai déjà perdu sept chèvres comme ça, alors je suis pas très rassuré de m'aventurer dans la forêt. Maintenant que l'hiver est passé, ça va ! Mon stock a suffi, mais je risque d'être à court pour le prochain.

— Tu penses que la guerre va durer jusqu'à l'hiver prochain ?

— C'est une certitude ! Poutine ne lâchera pas.

— Et les Russes, tu les as vus au village ?

— Bien sûr que je les ai vus !

— Et alors ?

— Que veux-tu que je te dise ? Ce sont des hommes sans valeur dans un monde sans morale. Y a rien d'autre à dire.

— Tu parles des exécutions ?

— Oui, et quoi d'autre ! C'est une stratégie de terreur

pour casser le moral. Le Kremlin s'obstine à dire que les cibles sont militaires. Tu vois bien qu'ici des villages entiers sont rasés. Et pendant ce temps-là, les commanditaires des exactions de Boutcha sont décorés par l'état-major russe. Dire que j'ai vécu assez longtemps pour voir ça !

22 h 30. Depuis le toit de l'hôtel, une bière à la main, nous assistons au duel d'artillerie des deux armées. Les uns envoient, les autres ripostent, inlassablement. La nuit sent le phosphore. Il existe une certaine fascination à contempler ce spectacle apocalyptique de sons graves et de lumières blanches. Et si la finalité n'était pas de répandre la mort, ce ballet d'obus incandescents dans la nuit serait d'une beauté envoûtante.

29 mai – Des animaux dans la guerre

8 heures. Je me réveille plus fatigué que la veille, le moral en berne. Les bombes ont hurlé toute la nuit au-dessus de la ville. Je branche le « 7-9 » de France Info pour écouter les nouvelles du pays. Bison Futé annonce une journée rouge sur l'ensemble de l'Hexagone après un week-end de l'Ascension ensoleillé. Le journaliste n'hésite pas à parler de « dimanche très difficile » avec des bouchons de plusieurs dizaines de kilomètres sur l'A13 entre Paris et Rouen. Idem pour les retours du Sud-Ouest. « N'oubliez pas de vous hydrater et de faire des pauses sur la route ! » Je vérifie mon garrot tourniquet, règle les lanières de mon casque et enfile le gilet pare-

balles. Par curiosité, je jette un coup d'œil à la météo d'Anglet, chez moi, au Pays basque : 26 degrés, ciel azur, léger vent d'est, houle d'été idéale pour le surf.

Je profite de la connexion Internet pour téléphoner à un ami.

— John, c'est Damien. Comment vas-tu ?

— C'est à toi qu'il faut demander ça ! Comment ça se passe là-bas ?

— C'est dur. La guerre, quoi ! Et toi ?

— Ça va. Les conditions sont bonnes en ce moment. On a de jolies vagues.

— T'as installé la cabane pour les cours de surf ?

— Oui, depuis un mois déjà. Les premiers touristes arrivent avec le soleil. L'eau s'est réchauffée, on peut surfer en maillot, enfin !

— J'ai hâte.

— On fête les quarante ans de La Chope le 8 juin. Tout le monde sera là. On aimerait bien t'y voir.

— J'aimerais bien y être. On verra, il nous reste quelques séquences à tourner pour le film. Après on rentre.

— Et Boula, ça va ?

— Fatigué. On dort pas beaucoup ici avec les canons qui cognent toute la nuit.

Quelqu'un tape à la porte.

— Pavel est en bas, il nous attend !

— J'arrive tout de suite... Faut que j'y aille, John, embrasse ma mère si tu la vois, et dis-lui... Dis-lui que tout va bien et que je l'aime.

— Ça sera fait. J'imagine que ça ne sert à rien de vous

dire de faire gaffe, alors je t'embrasse, mon pote. Rentrez vite à la maison.

Aujourd'hui, nous accompagnons Pavel et sa femme Svitlana dans leur mission de sauvetage des chiens abandonnés. Au programme, trois villages et un chenil de huskys situés dans la zone grise. Les propriétaires nous ont indiqué les adresses où les chiens sont bloqués. Une petite équipe de volontaires humanitaires se joint à nous, profitant de Pavel pour éviter les mines.

Sur le trajet, Svitlana m'explique que l'Union européenne a érigé des règles d'accueil communes pour les animaux domestiques. Il faut faire une demande d'identification de l'animal, prouver la validité de son vaccin contre la rage et être muni d'un passeport européen pour animaux. Un enfer bureaucratique qui annule la meilleure volonté. Pour toutes ces raisons, lorsque la guerre a éclaté en Ukraine, un grand nombre de propriétaires ont été contraints d'abandonner leurs animaux. Pavel et Svitlana ont alors créé une association d'aide, Dog Help Kharkiv, et ont déjà reçu quantité de dons pour les chiens, des sacs de croquettes et des médicaments.

— Le problème, continue-t-elle, réside principalement dans l'accès aux villages, zones placées en risque maximal. Une fois l'opération de sauvetage effectuée, il faut ensuite leur trouver un refuge. Parfois, leurs maîtres viennent directement les chercher à notre retour de mission. Parfois, nous devons les envoyer vers l'ouest du pays.

— Ce sont des missions périlleuses ! Certains doivent se demander si le jeu en vaut vraiment la chandelle.

— Oui, c'est très dangereux ! Parmi les personnes qui nous accompagnent dans notre travail, deux volontaires sont morts. Ils transportaient des animaux dans un camion humanitaire quand ils ont été pris dans une fusillade. Évidemment, la nouvelle nous a anéantis.

— Mais vous continuez malgré tout ?

— Nous sommes parfaitement conscients que la mort peut nous faucher à chacune de nos sorties, mais que veux-tu… Il faut bien que quelqu'un vienne en aide à ces pauvres bêtes. Depuis le début de la guerre, beaucoup d'animaux ont péri au milieu des attaques russes. Un éleveur au sud-est de Kharkiv a perdu plus de cinq cents vaches dans les bombardements. Il est encore hanté par le cri de ses bêtes brûlant vives dans les décombres de la ferme. Il y a aussi les animaux des zoos, ceux des refuges et puis les bêtes sauvages qui explosent sur des mines. L'autre jour, on a appris que quatre millions de poulets ont été tués à Chornobaivtsi, dans la région de Kherson, dans le plus grand élevage de volailles d'Europe. Il y a aussi ces cinq cents chiens abandonnés dans un refuge sans eau ni nourriture durant un mois, dont trois cent cinquante sont morts de faim, enfermés dans leurs cages. Le directeur du zoo de Kharkiv a indiqué dans un communiqué officiel : « La priorité absolue est désormais la vie des humains », pour justifier sa décision de les euthanasier s'il ne parvenait pas à les faire évacuer. Quelle tristesse, mon Dieu, quelle tristesse ! Les chiens abandonnés sont désormais contraints de s'attaquer aux troupeaux ou de manger les restes de cadavres faute de nourriture. C'est inconcevable. Je sais bien que la plupart d'entre nous considèrent que la vie des humains prévaut sur celle des animaux. Eh bien, moi, je pense que chaque vie compte. La plupart des volontaires s'occupent des hommes, nous avons décidé de nous occuper des bêtes.

10 heures. En sortant de la ville, nous sommes immédiatement arrêtés par des membres de la 92e brigade mécanisée. Malgré nos laissez-passer en règle, nous demeurons bloqués au dernier check-point avant la zone grise.

— Mouvement de troupes dans le camp d'en face, le périmètre est fermé.

Je regarde Pavel, peu enclin à prendre racine :

— J'appelle des amis !

Un soldat armé d'un fusil-mitrailleur à canon court nous ordonne d'attendre à couvert du sous-bois. Un Kamaz et une Lada sans pare-brise sont également dissimulés sous les branchages. L'attente commence. De part et d'autre de la route, des tranchées ont été creusées et forment des ramifications avec le cœur du check-point. Pavel nous rappelle les consignes : interdiction de se regrouper à plus de cinq personnes, cible privilégiée pour les drones ennemis. Je prends la directive très au sérieux et m'écarte des autres volontaires le temps que la situation se décante. Je suis nerveux. Boula l'est tout autant. La terrible impression de représenter une cible de choix en pleine zone stratégique, quelque part sur la ligne de défense ukrainienne. Machinalement, je me mets à sonder le paysage. Derrière les collines, des volutes de fumée signalent la proximité des combats. Je fouille alors le ciel à la recherche d'un objet suspect et traque le moindre bourdonnement d'un moteur ou d'une hélice. L'écho des tirs d'artillerie semble se rapprocher. Je ne tiens pas en place. Les minutes semblent des heures. Autour de nous, des missiles non explosés sont plantés dans le sol. Deux militaires blottis dans un trou écoutent la radio en grillant des cigarettes. L'un des deux nettoie son lance-grenades antichar avec un morceau de tissu. L'autre grave une phrase au couteau sur le manche de son AK-47.

— Qu'est-ce que t'écris ?

— Mon épitaphe, enfin ce que j'aimerais qu'on grave sur ma tombe si jamais… Enfin, tu vois…

Je me penche pour lire l'inscription.

— « *Postremo solus* » ? Qu'est-ce que ça signifie ?

— « Enfin seul ».

Deux heures s'écoulent comme une éternité. Deux heures à scruter le paysage et à trembler au rythme des bombes. Sur le champ de bataille, la mort attend les hommes comme une vérité qui se profile. Avant d'affronter l'enfer, les soldats invoquent le Divin. La religion console celui qui craint la brièveté de la vie en préparant « l'après ». « Quand je marche dans la vallée de l'ombre de la mort, je ne crains aucun mal, car tu es avec moi… » La guerre a dépoussiéré les textes sacrés. De part et d'autre des tranchées, la liturgie fait peau neuve. Seul le sixième commandement de Moïse, « tu ne tueras point », est sciemment occulté.

Pavel me fait signe d'approcher :

— Regarde, c'est beau, n'est-ce pas ?

— Quoi donc ?

— Eh bien, cette forêt, pardi !

— Oui, c'est beau !

— On l'oublierait presque avec cette guerre tout autour, mais la forêt est un sanctuaire.

— Les enfants y font des cabanes, les adultes y creusent des tranchées !

— Les enfants aussi sont cruels malgré leur innocence. Au moins, il y a une certaine cohérence dans tout ça.

— Une cohérence ?

— Oui ! Faire la guerre, c'est continuer nos jeux d'enfants avec des moyens d'adultes.

— C'est triste, tu ne trouves pas ?

— Quoi donc ?

— D'être obligé de tout détruire.

— Si tu le dis. En tout cas, je trouve qu'il y a quelque chose de plus réjouissant à mourir au printemps entouré de toute cette vie qui renaît. J'aurais horreur de disparaître sous un ciel d'hiver.

La forêt est un espace stratégique pour observer l'ennemi à l'ombre des grands arbres. Dissimulés sous la frondaison et les replis creusés dans la terre, on s'y abrite de la mort, les troncs pour barricades, les ronces comme barbelés. L'orée des bois indique la fin du monde. Au-delà de cette limite, le territoire interdit, où nul ne peut progresser sans risquer de mourir. La plaine est ce lieu maudit où les hommes tombent par milliers sous la mitraille. On appelle ça des offensives par vagues humaines, chaque assaut précédant mille assauts semblables pour grignoter quelques arpents de terre. Sur le champ de bataille, la vie s'en va, les corps demeurent.

La plaine est le sépulcre des soldats dans la géographie de la guerre.

Finalement, un 4×4 de l'armée débarque en faisant voler la poussière. Quatre hommes lourdement armés sortent du pick-up et viennent à notre rencontre. Ils appartiennent au régiment Kraken, les forces spéciales de la direction générale du renseignement du ministère de la Défense ukrainien.

— Des amis à moi, ils vont nous faire franchir le contrôle et nous escorter jusqu'à Tsyrkouny.

Passé ce dernier check-point, nous pénétrons les territoires perdus de la zone grise. Autour de nous, des forêts sombres coiffent le haut des collines. D'un côté, la forêt abritant les Russes. De l'autre, celle abritant les Ukrainiens. Au milieu, une plaine clairsemée de villages en ruine.

14 heures. Après avoir récupéré cinq chiens dans deux villages isolés, nous arrivons à Tsyrkouny, à quelques kilomètres des zones de combat. Dans cette loterie pleine de vacarme et d'horreurs, les tirs d'artillerie raisonnent comme des coups de tonnerre. Svitlana aide Pavel à coordonner la mission. Le véhicule de la Croix-Rouge se gare plus loin sous un châtaignier. Les soldats de Kraken sont restés sur l'axe principal pour sécuriser la zone. D'un coup d'œil, je balaye les environs et aperçois des silhouettes tapies dans l'ombre des futaies. La plupart sont des vieillards, le visage rongé par la fatigue, les reins ployés par la misère. Pour ces paysans tenaces accrochés à leurs terres, à leurs bêtes, à leurs morts, fuir reviendrait à mourir. N'ayant nulle part où aller, ils ont refusé l'éva-

cuation proposée par les autorités ukrainiennes et ont vécu deux mois sous occupation russe.

— Approchez, nous sommes des volontaires ukrainiens, n'ayez pas peur.

Malgré les recommandations de Svitlana, personne ne bouge. Une vieille dame au visage émacié, les rides larges comme des coups de couteau, un bandeau autour de la tête et un bouquet de lilas dans les mains, s'avance vers nous. D'une voix tremblante, elle s'adresse à Pavel. Je ne comprends rien à la discussion sinon le sentiment d'extrême détresse qui s'en dégage. Pavel m'explique que son époux souffre d'une commotion cérébrale causée par un éclat d'obus, que sa maison a été entièrement rasée, qu'elle n'a plus d'endroit pour vivre, ni même un lieu pour mourir. Elle lève les mains et implore le ciel :

— Pourquoi ? Pourquoi avoir rasé ma maison ? Pourquoi bombarder des villages de campagne qui ne représentent aucune menace ?

Pavel demande à la vieille dame d'appeler le reste des villageois pour commencer la distribution. Il faut faire vite ! D'un mouvement de main, elle fait signe aux rescapés d'approcher, puis elle se tourne vers moi, plonge ses yeux dans les miens et s'effondre en pleurs dans mes bras. Nous restons entrelacés plusieurs minutes, ses mains sur mes épaules, son visage enfoui contre mon cou. En mêlant mes pleurs aux siens, j'aimerais absorber une partie de ses peines. Malheureusement, les émotions humaines sont ainsi faites que la tristesse s'additionne, elle ne se soustrait pas. Aujourd'hui encore, je me demande pourquoi cette femme brisée par la douleur risquait de périr sous les bombes pour un bouquet de lilas. Peut-être qu'avec ce geste simple, ce rituel sacré, celui de cueillir des fleurs pour embaumer la vie, elle tentait d'entretenir une sorte de coquetterie magnifique, de raffinement sublime. Un sentiment d'humanité dans un monde noyé dans les ténèbres.

Pendant ce temps, une colonne de rescapés s'est formée près des véhicules de secours. Les volontaires de la Croix-Rouge locale entreprennent la distribution de l'aide alimentaire : produits de première nécessité et provisions pour les prochains jours réunis dans des sacs en plastique. Parmi cet attroupement de visages fatigués, je remarque celui d'une très jeune fille. Son regard clair me transperce le cœur. Elle demeure immobile, les bras le long du corps, l'allure lasse, le regard froid. Son visage est celui de l'innocence sacrifiée. J'aimerais lui dire de ne plus avoir peur, que tout ira bien, que la guerre est un mauvais rêve. J'aimerais lui dire que la nuit retrouvera bientôt son silence et sa paix d'antan. J'aimerais…

Des inscriptions peintes en cyrillique recouvrent la plupart des portails : « Не стреляйте ! Дети ! », que l'on peut traduire par : « Ne tirez pas ! Il y a des enfants ! » Inscriptions criblées de balles par l'occupant russe. Devant l'une de ces grilles en fer forgé, un magnifique berger allemand espère inlassablement le retour de ses maîtres. Ce compagnon de l'homme à la fidélité indéfectible s'abandonne au chagrin sans même tenter de survivre. Quant aux chats, c'est tout le contraire. Dès les premiers jours de guerre, ils dépoussièrent leurs instincts séculaires, leurs pulsions sauvages, leur inclination à la traque, leur appétence à la chasse.

Pendant qu'une équipe distribue les rations de survie, Pavel et Svitlana accompagnent une habitante jusqu'au chenil. Une dizaine de huskys y sont enfermés depuis des semaines. L'un d'entre eux, apeuré par le fracas des bombes, a fait une crise cardiaque et ne peut plus marcher. Un autre a reçu un éclat d'obus dans la tête. Au milieu du jardin, nous découvrons les vestiges d'un missile à sous-munitions :

— Regarde, c'est la partie « conteneur » de l'ogive. Les sous-munitions étaient empilées à l'intérieur de ce compartiment.

— Je croyais que ces armes étaient interdites !

— Interdites par qui ?

— Le droit international.

— À la bonne heure, nous sommes sauvés ! Ni la Russie ni l'Ukraine n'ont jamais ratifié ce traité.

— Et quel est leur mode de fonctionnement ?

— Les roquettes s'ouvrent lorsqu'elles sont en hauteur et dispersent des dizaines, voire des centaines de minibombes. Le problème avec ce genre d'armes, c'est qu'elles ne font aucune distinction entre les militaires et les civils. C'est pour ça que les instances internationales ont essayé de légiférer dessus. En plus, une partie d'entre elles n'explosent pas lors de l'impact au sol, transformant les sous-munitions en mines terrestres. Ce qui représente un danger à long terme pour les populations civiles.

En nous apercevant, les huskys se mettent à hurler au ciel. Un cri primitif, un appel à l'aide. Le chenil ressemble à un zoo des années 30 avec des cages alignées et des barreaux en ferraille rouillée. Que l'homme ait pris l'habitude d'enfermer ainsi les bêtes démontre toute l'étendue de sa sauvagerie. Qu'il les abandonne ensuite sous les bombes enfonce le clou de son ignominie. Je m'occupe d'un husky en bas âge, quelques mois à peine, un an tout au plus, la robe blanche et la queue noire, les yeux vairons, effrayé par la mort qui rôde. Avec ses petites dents, il mordille mon bras et me lèche la main comme si la sauvagerie de quelques hommes ne l'avait pas dégoûté de l'espèce. Pavel et Svitlana s'occupent en urgence du chien qui ne peut plus marcher et utilisent une couverture en laine comme brancard. Puis c'est au tour des autres bêtes, entassées à plusieurs dans les cages disponibles jusqu'à ce que notre fourgonnette soit remplie. Boula filme en continu de longs plans-séquences, sursautant à chaque fracas de bombe. Pavel reçoit un message radio et nous fait signe qu'il est temps d'évacuer. Je l'aide à transporter les dernières cages dans le véhicule et nous quittons les lieux. Figée sur le bord du chemin, les bras accrochés à son sac de nourriture, la petite fille nous considère avec la même lassitude. Son regard me hantera de longues nuits durant.

19 heures. Sur le chemin du retour, Pavel semble tendu. À plusieurs reprises, il jette un coup d'œil au rétroviseur pour être certain de ne pas être suivi. Finalement, il semble se détendre, allume une cigarette et se tourne vers moi :

— Nous avons fait du bon travail. Je pense que ces chiens n'auraient pas tenu quelques jours de plus.

— À voir leurs côtes saillantes, c'était moins une.

— Il y a beaucoup de chiens abandonnés dans les villages de la zone grise. S'ils trouvent les cadavres russes, ils survivent. Sinon, ils meurent.

Nous déposons une partie des chiens au point de rendez-vous près de la place de la Liberté, dans le centre de Kharkiv. Les maîtres nous y attendent, des larmes plein les yeux. Puis nous reprenons le chemin de l'hôtel, accompagnés par deux militaires de l'unité Kraken qui souhaitent débriefer. Malgré la loi martiale, le patron ouvre le bar et nous offre quelques tournées de vodka. Une manière de célébrer le succès d'une mission sans pertes humaines. Après plusieurs verres consommés, Pavel nous explique qu'en fin de journée, alors que nous embarquions les dernières cages dans le véhicule, le Centre ukrainien pour les communications stratégiques (StratCom) a signalé la présence d'une colonne de blindés russes dans les rues de Tsyrkouny.

— Ils ont carrément essayé de reprendre le village juste après notre passage ! C'était compter sans la vigilance de nos services de renseignements.

L'un des militaires de Kraken sort son téléphone et nous montre la vidéo de l'attaque qui circule déjà sur YouTube. Repérés par les drones ukrainiens, les Russes ont tenté de cacher leurs chars sous les arbres des jardins résidentiels. Sur les images, on peut apercevoir des soldats assis sur la tourelle de leur tank, fouillant le ciel pour repérer le drone. Sur une autre image, un char se cache derrière une maison à proximité du chenil alors qu'une patrouille de soldats pénètre également dans le village. Heureusement pour nous, les hommes du renseignement ont rapidement transmis les coordonnées à l'artillerie ukrainienne, qui les a bombardés sans attendre. Je regarde Boula et avale ma vodka d'un trait.

— Putain de merde, on l'a échappé belle !

— Vraiment pas passé loin. Fallait le faire, quand même, secourir des chiens le jour où les Russes lancent une offensive. J'espère qu'aucun habitant n'a trouvé la mort dans les bombardements.

— J'espère que la petite va bien…

Pavel se lève en tendant son verre au-dessus des visages :

— Si le sang lave l'honneur, je veux voir des rivières rouges couler le long des champs. Les dieux ont soif, buvons !

— *Zdorovye !!!*

Quand je lui demande s'il ne perd jamais espoir, Pavel crache et s'essuie la bouche d'un revers de manche :

— Perdre espoir ? Tout ça, c'est dans la tête. C'est un combat existentiel que nous menons. Pas de place pour la résignation.

Pavel nous propose une nouvelle mission prévue le lendemain dans le village de Rouska Lozova. On accepte machinalement, sans vraiment réfléchir. Après des semaines à se rapprocher de l'action, à aller toujours plus loin, il est difficile de se fixer des limites. A-t-on besoin d'images supplémentaires si près des zones de combat pour notre documentaire ? Une sortie de plus dans la zone grise est-elle vraiment nécessaire ? La journée que nous venons de passer n'est-elle pas un avertissement pour la suite ? Si les Russes ont attaqué Tsyrkouny après plusieurs semaines sans offensives, ils vont peut-être faire de même à Rouska Lozova ou dans d'autres villages. Après concertation avec Boula, nous convenons d'accomplir cette dernière mission avant de passer à autre chose. Puis je l'abandonne en lui souhaitant de trouver le sommeil. Il se lève et tend la main :

— Attends, il te reste des médocs pour l'insomnie ? Ça fait des nuits que je dors mal, je vais finir sur les rotules.

— Elles sont sur la table du salon.

— Je sais pas comment tu fais. J'arrive pas à m'y faire à ces foutues bombes.

— Quand le bruit des canons est loin, je me dis que c'est l'orage.

30 mai – La musique pour résister

7 heures. En me brossant les dents, je m'aperçois que mes gencives saignent. Le goût du sang ressemble à une mise en garde. Boula est malade comme un chien depuis trois jours. « J'ai bu de l'eau croupie », lance-t-il, alors que le bruit des bombes se rapproche et qu'on boit la même eau depuis le début. La mission du jour prévue à Rouska Lozova est finalement annulée. L'état-major ukrainien suspecte des offensives russes dans la zone. Nous profitons de ce changement de programme pour rencontrer Olha Pyshchyta, violoniste ukrainienne

diplômée du conservatoire de Kharkiv. Nous la retrouvons dans un quartier de la banlieue nord, près d'une station-service détruite trois jours auparavant par un tir d'artillerie.

Taille moyenne et longue chevelure noire, léger fard blanc sur les joues pour dissimuler des cernes sombres, Olha porte un jean moulant et un foulard bleu que le vent soulève lorsqu'elle traverse la route, un étui en cuir pour violon dans la main, un sac en daim sur le dos, et une paire de baskets pour courir en cas d'attaque. Lorsqu'elle parle, elle chuchote. Et lorsqu'une détonation retentit dans le lointain, elle s'arrête au milieu de la phrase en fermant les yeux. Puis, après quelques secondes de silence, elle revient à elle comme on revient d'un mauvais rêve, presque transformée, les lèvres tremblantes, la voix emballée, les mots qui jaillissent en cascade :

— Certains jours, quand ma poitrine est serrée par la peur, l'avenir devient une présomption, une éventualité. Ici, plus que partout ailleurs, nous ne savons pas de quoi le jour sera fait ! L'incertitude, l'inconnu, l'intranquillité, ça use le moral des plus robustes. Pourtant, regarde dehors comme la journée s'écoule, immuable, indifférente aux petites affaires des hommes. Et ces feuilles qui renaissent au milieu des cendres…

J'acquiesce sans rien dire.

— Et toi, pourquoi es-tu en Ukraine ?

— Pour témoigner de la guerre.

— Tu es journaliste ?

— Pas vraiment.

— Tu es quoi ?

— Comme je te l'ai dit au téléphone, nous réalisons un film documentaire.

— Tu es donc payé par une chaîne de télévision française pour documenter la situation en Ukraine ?

— Pour l'instant, je ne suis pas payé. On est indépendants.

— Qu'est-ce que ça veut dire ?

— Ça veut dire qu'on avance les frais en espérant vendre le documentaire en rentrant.

— Donc, si je comprends bien, tu risques ta vie sous les bombes pour un film que tu n'es pas sûr de vendre ! C'est bien ça ?

— C'est ça…

— Alors dis-moi, tu cherches quoi au fond ?

— À faire ma part, j'imagine.

— Ta part ? Tu nous dois quelque chose ?

— Non mais… Je crois en la solidarité entre les hommes dans les grands moments de l'histoire.

— Vraiment ? Donc, tu es ici pour aider sans rien attendre en retour ?

— On attend toujours quelque chose, rien ne se fait gratuitement.

— Et donc ? Qu'est-ce que tu es venu chercher ici ?

— La paix…

— Tu es venu chercher la paix dans un pays en guerre ! En voilà, une drôle d'idée. Tu fuis donc quelque chose ?

— Sans doute la mort d'un petit frère, la grisaille du quotidien, le goût amer de l'existence…

— Tu te sens coupable de la disparition de ton frère ?

— Non.

— Alors, à quoi bon culpabiliser ?

— Je sais bien mais que veux-tu… Le syndrome de celui qui reste. En m'engageant dans la vie, j'ai l'impression de combler le vide que la mort a laissé. « Agir, c'est connaître le repos », paraît-il !

Au début de la guerre, alors que la plupart des habitants de l'Est ont fui la région, Olha a préféré rester. Avec des amis musiciens, elle a organisé quelques concerts pour les réfugiés du métro de Kharkiv.

— Vladimir Poutine ne mène pas seulement une guerre territoriale, mais aussi une guerre culturelle, il cherche à effacer l'identité ukrainienne. D'où le rôle des artistes, sauvegarder le patrimoine national, sauver l'âme du pays. Le Festival international de musique de Kharkiv devait commencer le 26 mars. Il incluait un récital du pianiste français Lucas Debargue et devait se tenir dans la grande salle de la Philharmonie de Kharkiv. Nous avons décidé de le maintenir avec quelques amis musiciens et de nous produire dans les abris antibombes du métro. Le *Washington Post* a appelé ça : « *Concert Between Explosions* ». C'est important d'être présent dans ces moments-là, car la musique offre un moment de répit aux victimes. Elle permet de nous unir face à la tragédie.

14 heures. Dans les quartiers nord de Saltivka, Olha nous entraîne au quatrième étage d'un immeuble en ruine. Nous pénétrons dans l'édifice par un trou de roquette dans le mur. Les escaliers et les couloirs sont recouverts de suie, tout est carbonisé. Un vélo pour

enfant a été soufflé par une explosion et s'est encastré dans le mur de la cage d'escalier. Dans un appartement du quatrième, tout un pan de la façade s'est effondré et offre une vue panoramique sur le reste de la cité dortoir.

— J'aimerais vous jouer une symphonie de Myroslav Skoryk au violon. Vous pourriez filmer et envoyer les images en Europe pour montrer que, malgré l'horreur, la vie continue.

Olha dépose l'étui en cuir à même le sol et saisit l'instrument en bois noble. Elle essuie les cordes en boyau et l'ébène de la caisse de résonance avec un morceau de tissu, puis positionne la mentonnière entre l'épaule et la joue, active les chevilles pour ajuster la hauteur des notes, et délicatement, dans un mouvement d'extrême souplesse, laisse ses doigts galoper sur le manche au rythme de l'archet.

— Si la poésie est une musique par les mots, alors la musique est une poésie par les notes. Pour nous autres, Ukrainiens, la poésie est une patrie, la mémoire collective de notre nation. On dit que les musiciens et les poètes sont des porteurs de feu.

— J'aime cette image qui transforme les artistes en gardiens.

Pour Olha comme pour tant d'autres Ukrainiens, écrire, peindre, jouer d'un instrument, c'est s'autoriser la possibilité d'un dehors. C'est échapper au cloisonnement des caves et des abris antimissiles. C'est accepter que la symphonie du violon, la trace du pinceau, les vers du poème ne dictent qu'une seule chose : ne jamais rien céder de l'ivresse.

17 heures. Je mets de l'ordre dans mes notes et tente péniblement d'aligner quelques phrases pour le journal. L'article paraîtra d'ici à deux jours avec le portrait de Pavel et l'histoire de ces chiens abandonnés dans la guerre. Mon esprit est embrouillé par le manque de sommeil et les émotions vécues, c'est pour ça que je consigne tout dans mon carnet, du matin au soir, comme un scribe, des éléments factuels aux atmosphères, de la pluie qui tombe aux larmes qui roulent. Parfois, je me demande ce que je fais là, avec ma caméra et mon stylo, comme si ma présence pouvait changer les choses. Je sais bien que ce n'est pas le cas. Alerter des malheurs de la guerre, c'est comme crier au milieu du désert, au bout d'un moment ça use les nerfs. Pourtant, ne pas témoigner reviendrait à abdiquer et ne plus croire en rien.

Un tank cabossé passe sous les fenêtres de ma chambre dans un bruit de métal hurlant. Autrefois, la guerre fauchait les hommes dans la haute confidence des campagnes militaires. Ceux qui n'étaient pas directement touchés pouvaient dire « nous ne savions pas ». Aux historiens d'enquêter pour composer le récit des événements a posteriori. Avec l'image 4K, le son Dolby Surround, les drones à hélices et les millions d'iPhone qui transforment chaque citoyen en reporter d'images, on assiste aujourd'hui au déroulement des combats en direct sur Internet. Plus personne ne peut dire : « On ne savait pas. » Pourtant, l'ignorance a laissé place au voyeurisme qui a laissé place à l'indifférence. La mort filmée sous toutes ses coutures devient banale. Entre deux publicités pour des marques de cosmétiques, les programmateurs ont su vider le spectateur de sa charge empathique. Plus l'information est diffusée, moins l'intérêt est grand, comme si la vocation de celle-ci n'était pas tant de mobiliser les consciences que de neutraliser les esprits critiques en leur montrant que, de toute façon, c'est bien pire ailleurs.

2 juin – Dernier jour sous les bombes

14 heures. Notre mission en Ukraine est terminée. En fin d'après-midi, un train nous emportera vers Kyiv puis, dans quelques jours, un autre vers la Pologne. Alors que Boula effectue les dernières sauvegardes vidéo, une explosion retentit à moins de deux cents mètres de l'hôtel, suivie de deux autres quasi simultanément.

— C'est pas tombé loin. Regarde la fumée qui sort du bâtiment en face !

— Sûrement un dépôt d'armes.

Puis, de nouveau, une salve de trois roquettes tombe au même endroit. Et ainsi de suite toutes les quinze minutes avec une précision métronomique.

— Les tirs semblent assez précis, je vais sortir la caméra et filmer depuis la terrasse.

— Fais quelques images et on file se planquer à la cave.

Quiconque a déjà vécu l'épreuve d'un bombardement comprendra le sentiment d'impuissance que l'on ressent lorsqu'on est soudainement ouvert aux feux de l'ennemi. Et si cette expérience est partagée avec un camarade, elle marquera indéniablement la relation d'amitié au fer rouge.

En deux heures, ce sont plus de vingt-cinq roquettes qui s'abattent sur le bâtiment en face de notre hôtel et une cinquantaine sur le reste de la ville. Au moins neuf civils ont trouvé la mort ce jour-là, dont un enfant en bas âge. Pavel débarque à la fin de l'attaque :

— Ça se calme, venez, je vais vous déposer à la station.

Sur le parvis de la gare centrale, c'est l'heure des séparations. Une poignée de main, un sourire à peine perceptible, mais un cœur gonflé d'émotions. Au loin, les dernières lueurs du jour sont avalées par la nuit qui vient. Pavel se tourne vers moi :

— Avant, j'aimais regarder le soleil se coucher. Aujourd'hui, je hais la mélancolie du crépuscule. Allez, bon retour en France, camarades. Envoyez-moi des nouvelles de temps en temps ! Et surtout, racontez notre histoire.

Nous pénétrons dans le hall de gare, achetons les tickets au guichet et filons sans attendre sur le quai. Des cheminots s'activent pour que, malgré les bombardements sur la ville, le trafic ferroviaire n'en soit pas perturbé. Quatre cent mille employés de l'Ukrzaliznytsia sont ainsi mobilisés sept jours sur sept sur tout le territoire ukrainien et assurent quotidiennement l'évacuation de milliers de réfugiés. Pendant les frappes, lorsque le courant est coupé, les trains continuent leur trajet à vitesse réduite, remorqués par une motrice diesel. Le mot d'ordre de l'Ukrzaliznytsia : « Avancer malgré tout ! »

Une voix nasillarde jaillit des haut-parleurs et annonce le départ imminent pour Kyiv. Je lance une dernière fois mon regard sur les fumées qui se répandent dans le ciel, sang noir d'une ville blessée, et saute dans le train qui nous entraînera loin des affres de la guerre.

Lettre de Lodewijk du 14 juin :

Salut Damien,

Je pense que tu dois être rentré d'Ukraine. J'espère que le retour s'est bien passé.

J'ai appris ce matin la mort de Roman Ratouchnyi, l'un des deux fils de Svitlana.

Roman avait hérité de la force d'âme de sa mère. À quinze ans déjà, il criait à l'injustice sur la place de l'Indépendance, dénonçait poing levé les dérives autoritaires et le recul de la démocratie. Il prenait des coups de matraque et répondait par des coups médiatiques au sein d'une contestation étudiante dont il portait la parole. En marge des manifestations contre Ianoukovitch, il avait ainsi sauvé une zone naturelle des griffes d'un promoteur véreux.

Roman était un jeune activiste charismatique. Il avait une gueule d'ange et un sourire à la Gene Kelly. Il était passionné de photographie, lisait la poésie de Mykhaïl Semenko, avait l'esprit fraternel et un désir profond d'équité. Il incarnait l'idéal ukrainien, la jeunesse, la liberté, avec ardeur et un sens inné de la communication.

J'écris ces mots en regardant dans le journal l'image

de Svitlana, la main posée sur le cercueil de son fils. À ses côtés : des visages défaits, des regards brûlés par le chagrin et aussi de nombreuses caméras. Les funérailles de Roman ont eu un retentissement sans précédent. Vitali Klitschko et le réalisateur dissident Oleg Sentsov étaient présents, réunis devant le monastère Saint-Michel-au-Dôme-d'Or parmi une foule compacte. Car derrière la disparition du soldat héroïque, il y a le symbole d'une jeune génération meurtrie qui, au lieu de construire l'indépendance, s'épuise et tombe dans les tranchées.

L'esprit fraternel ! Tu te souviens, nous en avons souvent parlé. Face à l'adversité, aux horreurs de la guerre, l'être humain déploie un arsenal de vertus : la considération, l'entraide, la générosité, la patience, l'inventivité, le mérite, le courage, et j'en passe. La guerre révèle ce qu'il y a de plus sombre mais aussi de plus lumineux en nous. Et c'est terrible à dire, mais je crois que tout ce qui se passe ici, d'une certaine manière, me réconcilie avec l'espèce.

À très bientôt !

LODEWIJK

TROISIÈME VOYAGE

Février – mars 2024

19 février 2024 – Une guerre qui s'enlise

Deux années se sont écoulées depuis la tentative d'invasion de l'Ukraine par l'armée russe. Deux années d'enfer, de désespoir, de destins brisés, deux années de massacres, d'orages d'acier, de nuits au phosphore, deux années d'existences qui s'accrochent, d'autres qui s'achèvent, deux années au son des sirènes antimissiles et des détonations, deux années d'obus incandescents et de fumées noires dans le ciel.

D'ordinaire peu enclin à verser dans l'abstraction statistique et les comptes d'apothicaire, je me dois pourtant de dresser ici un premier bilan chiffré :

Après sept cent vingt-sept jours de guerre, 17 % du territoire ukrainien est occupé par l'armée russe, plus de deux cent mille soldats sont morts de part et d'autre selon des estimations du *New York Times*, environ trois cent mille autres sont blessés et des millions de réfugiés attendent toujours de pouvoir rentrer chez eux.

La *raspoutitsa* (saison des mauvaises routes), un phénomène météorologique qui transforme la terre en boue gluante après la fonte des neiges, a figé progressivement le front de l'Est. De Kherson jusqu'à Koupiansk, les deux armées se livrent une véritable guerre d'attrition, stratégie de combat reposant sur l'épuisement des ressources ennemies. Avec une économie de guerre qui tourne à plein régime, des stocks d'armes datant de la guerre froide et une aide massive apportée par la Corée du Nord et l'Iran, l'avantage sur le long terme semble sourire aux Russes. Ajoutons à ça une certaine lassitude de l'opinion publique occidentale qui s'est déroutée vers Gaza. L'Europe avait promis de livrer un million d'obus de 155 millimètres au premier trimestre 2024, mais ne pourra finalement en fournir qu'un petit tiers. L'aide financière des États-Unis à l'Ukraine reste quant à elle bloquée par les républicains au Sénat. L'opportunité offerte par ce long « trou d'air » dans l'aide occidentale n'a pas échappé à Moscou, qui redouble ses efforts sur le terrain et compte bien capitaliser sur le manque de ressources de l'armée ukrainienne. La chute d'Avdiïvka marque au fer rouge le recul stratégique ukrainien, une prise symbolique qui permet au Kremlin d'annoncer une « victoire importante » sur le terrain.

D'un point de vue plus personnel, le film réalisé avec Boula et intitulé *La liberté ne meurt jamais* a été monté et diffusé en *prime time* sur La Chaîne parlementaire (LCP) le 18 février dernier. Rentré en France en juin 2022, j'ai eu la chance de croiser la route d'un producteur enthousiaste à l'idée de défendre la cause ukrainienne.

Alexandre Soullier m'a ainsi proposé de produire ce documentaire atypique sans voix *off* ni réelle contextualisation géopolitique, un film d'atmosphère où l'émotion prévaut sur l'information. Outre l'ineffable sentiment de bienveillance à mon égard, je lui suis reconnaissant d'avoir respecté mes choix de réalisation, assez éloignés des standards exigés habituellement par les chaînes de télévision. Quant à LCP, que dire sinon qu'Isabella Pisani, responsable de l'unité « Documentaire », m'a permis de vérifier l'adage en vogue chez les réalisateurs : « Moins de budget, plus de libertés ! »

Quelques jours avant la diffusion du film, je suis invité à participer à un débat enregistré dans les studios de l'Assemblée nationale en compagnie de Galia Ackerman, historienne spécialiste du monde russe, et Marianna Perebenesiuk, journaliste indépendante et chercheuse ukrainienne. L'occasion de témoigner de mon expérience sur le terrain et de dresser le bilan après sept cents jours de guerre. Le lendemain de mon passage à Paris, je reçois un message d'Eva m'invitant à présenter le film pour célébrer le deuxième anniversaire de la guerre. L'idée d'organiser une projection en Ukraine avec certains personnages du film me met du baume au cœur. Le temps d'opérer les traductions, d'apposer les sous-titres en ukrainien, de descendre d'un train pour sauter dans un bus, de traverser à nouveau une partie de l'Europe, de croiser en chemin quelques agriculteurs polonais soucieux de montrer que la solidarité internationale a des limites, et d'arriver au pays des terres noires dix-neuf mois après l'avoir quitté. Malheureusement, cette fois-ci je n'ai trouvé aucun compagnon de voyage. Lodewijk a les mains pleines de bastaings et de madriers, accaparé nuit et jour par la charpente de sa future maison. Boula est reparti filmer les tempêtes hivernales du côté de Nazaré. Quant à Cédric, il accompagne une mission scientifique en Antarctique pour les besoins d'un tournage de film documentaire.

20 février – Lviv

4 heures. Après deux jours passés dans des bus surchauffés, je saute de plain-pied dans la nuit ukrainienne. La gare routière de Lviv est déserte, les guichets sont fermés, le bus repart en me laissant seul sur le quai. Je sonde les environs : avenues sans voitures, chaussées sans passants, le couvre-feu a figé la ville comme une toile d'Edward Hopper. Seuls des véhicules de l'armée et quelques ambulances quadrillent la zone. Un des rares taxis autorisés à circuler me dépose dans le centre historique près du monument élevé à la gloire du poète Taras Chevtchenko.

Je traverse la grande place de l'opéra, passe devant le Musée d'histoire naturelle emmuré avec des sacs de sable et foule le pavé jusqu'à l'hôtel de ville. Devant certains immeubles stratégiques, des sentinelles fument pour tuer le temps et tromper le froid. J'aperçois la pointe de leur cigarette qui danse dans le noir. Malheureusement, les bureaux de Reporters sans frontières ont été délocalisés à Kyiv, si bien que je me retrouve coincé dehors jusqu'à la levée du couvre-feu, par moins 7 degrés. Afin de ne pas attirer l'attention des agents de la Défense territoriale et me retrouver dans une cellule pour un interrogatoire d'usage, je m'abrite dans l'église arménienne jusqu'à l'arrivée du jour. J'allume un cierge à la gloire de sainte Rita, patronne des causes désespérées, et me mets à prier pour tous ces endroits où le cri des innocents n'est pas entendu. Puis j'allume un deuxième cierge pour me réchauffer les mains.

7 heures. Je pars à la recherche d'un café pour me fouetter le sang et me nettoyer la gueule. En crapahutant dans les rues de la vieille ville, je retrouve rapidement mes repères, aucune évolution notable dans les paysages : les statues et les monuments culturels demeurent barricadés derrière leurs bardeaux de bois, les innombrables tramways électriques et les bus à soufflet poursuivent leur tournée des quartiers résidentiels, le hurlement des sirènes antimissiles répand inlassablement son message de mort dans le ciel. Je remarque cependant que les hommes en âge de se battre ont quasiment tous disparu des rues, il ne reste que femmes, enfants, vieillards. Ceux qui n'ont pas été mobilisés se terrent chez eux par peur des brigades de recrutement qui sillonnent la ville. Après deux années de guerre, l'armée ukrainienne peine à se renouveler. Si les premiers jours de l'invasion ont vu les bureaux de recrutement crouler sous les demandes, après deux ans de guerre les volontaires se font beaucoup plus rares. Certains soldats n'ont pas été relevés depuis six cents jours. La fatigue et la lassitude gagnent le cœur des plus valeureux. L'élan patriotique s'essouffle.

Des centaines de vidéos circulent sur Telegram, montrant l'armée ukrainienne qui traque les hommes en âge de se battre pour les enrôler de force. Volodymyr Zelensky a récemment annoncé vouloir mobiliser quatre cent cinquante mille hommes pour faire face aux quelque six cent mille Russes déployés en Ukraine et renflouer les rangs après les récentes défaites sur le front Est. À la Rada, le Parlement ukrainien, on envisage désormais la conscription des femmes et la mobilisation des détenus. Mais ces projets de loi divisent la population et une question se pose : comment mobiliser de nouvelles recrues sans appliquer les mêmes méthodes que l'envahisseur ?

Pour motiver le moral des troupes et galvaniser l'opinion publique, on rend hommage aux héros éternels : « *Heroyam slava !* » scande-t-on fièrement en guise de salut national. Car l'Ukraine cultive l'image des héros et celle des martyrs. On évoque la figure tutélaire du Cosaque zaporogue, prêt à offrir sa vie au nom de la liberté. Et dans les discours officiels, l'éloge du sacrifice fait bien souvent office de litanie.

13 heures. Derrière le brise-bise et les sacs de sable d'un restaurant de la rue Krakivska, accroché à son mégot, Davyd, un soldat convalescent rentré du front, se confie à moi :

— Pour la plupart d'entre nous, la situation est ambiguë. Nous combattons pour que la vie continue à l'arrière comme si de rien n'était. Mais c'est difficile de voir qu'une partie des habitants mène la grande vie alors que nous mourons par milliers pour contenir l'invasion. À l'ouest du pays, les restaurants sont remplis, les bars tournent à plein régime, les événements culturels s'enchaînent, et nous assistons à ça sur les réseaux sociaux du fond de nos tranchées. Certains soldats nourrissent un profond ressentiment face au non-renouvellement des troupes.

D'un mouvement de tête, il me désigne un groupe de gens propres et pomponnés comme il faut, le poil taillé et le verre plein.

— Pendant qu'on se consume, eux, ils consomment ! Là-bas c'est Verdun sous les bombes, ici c'est Times Square sous la neige. Ils ont même laissé les décorations de Noël dans les restaurants. On est fin février !

Quand je lui demande s'il compte retourner au front, je sens bien que l'euphorie patriotique s'est éteinte comme le feu meurt sous la pluie.

— Avant la guerre, j'étais professeur d'histoire et de géographie à l'université d'Ivano-Frankivsk. Je crois avoir compris très tôt l'engrenage dans lequel nous étions pris. Les accords de Minsk n'étaient qu'une mascarade, un leurre qu'aucun parlement n'a jamais ratifié. Poutine est un tyran, Zelensky est un comique, et nous, on meurt par milliers pour des hommes que nous ne connaissons pas. Quelles que soient les raisons avancées pour justifier un tel gâchis, je ne veux pas mourir pour elles. Car seule la vie compte. Tu entends ? Seule la vie compte. Ils peuvent bien parler le russe dans le Donbass et garder la Crimée ! Quant à moi, je veux garder ma vie et rentrer chez moi.

— Tu n'espères donc plus rien ?

— Espérer, c'est être optimiste. L'optimisme est une faute de goût par ici. Ça fait belle lurette que ce sentiment-là m'est passé. Je ne crois plus en rien, surtout pas en l'homme. Ils peuvent aller au diable avec leur guerre.

15 heures. Je sillonne le quartier en continuant ma collecte de témoignages : cafés, bars, restaurants, terrains propices aux confessions. J'observe quatre types de badauds dans les rues de la ville :

1. Les réfugiés de l'Est, de Marioupol ou de Kherson, le visage fermé, les yeux vides, le silence à la place des mots. Ils sortent peu, rasent les murs et scrutent le ciel. Ils errent comme des ombres d'un abri à l'autre en attendant la fin des alertes.
2. Les Lviviens, autochtones de la première heure, ceux qui peuplaient la ville avant le début de la guerre. Si certains s'écharpent au sujet de Bandera, tous sont d'accord sur Chevtchenko. Ils sont souvent pressés, investis de missions d'un ordre supérieur, gèrent l'approvisionnement humanitaire et font tourner l'économie de guerre. Ils marchent vite, parlent fort, savent où ils vont.
3. La bourgeoisie ukrainienne venue des quatre coins du pays pour se réfugier à la frontière polonaise. Ceux-là déambulent mollement sur le pavé comme des touristes en vacances. Ils se prennent en photo le nez en l'air devant les monuments, payent en grosses coupures, font considérablement monter les prix de la vie et remplissent les restaurants du

matin au soir. Ils ont des pulls de Noël, des sacs à main en cuir de vachette et des bonnets en laine de mérinos. Ils ne sont pas inquiets car leurs fils ont été incorporés dans des régiments loin des zones de combat.

4. Les militaires, catégorie qui soustrait aux trois autres la quasi-totalité de ses hommes de vingt-cinq à quarante-cinq ans. Les plus chanceux sont affectés à la traque des espions, aux contrôles d'identité, à la mise en œuvre du couvre-feu. Les autres jouissent de quelques jours de repos ou de convalescence avant de replonger dans l'enfer des tranchées. Ils ont le visage grave, le poing serré et la boule au ventre. Ils sont les héros de l'Ukraine.

La projection à l'université aura lieu demain soir en présence d'Eva et de Lev Skop, seuls protagonistes présents sur Lviv. Quant aux autres, voici quelques nouvelles fraîchement reçues. Swampy vient tout juste de rejoindre son unité de démineurs après plusieurs semaines passées en Angleterre pour assister à la naissance de son fils Elliot. Greg, Seiby et toute leur équipe d'artistes de rue continuent à peindre les véhicules pour l'armée dans la banlieue de Kyiv. Pavel et Svitlana effectuent inlassablement leurs missions dans la zone grise pour sauver les chiens abandonnés. La région de Kharkiv ayant été passée au crible, ils opèrent désormais du côté de Zaporijjia. Malgré une intensification des bombardements dans la zone, la violoniste Olha Pyshchyta participe à l'organisation du Kharkiv Music Festival, où elle se produira en concert dans quelques semaines avec les étudiants de l'École nationale de musiques traditionnelles. Quant à la pianiste Olha Chernyshova, qui animait des ateliers d'art-thérapie à Kyiv pour les enfants souffrant de traumatismes, elle a quitté le pays. J'ai reçu quelques mots signés de sa main :

Bonjour Damien,

Je suis heureuse de savoir que tu as finalement terminé le montage de ton film et que tu reviens en Ukraine pour le présenter. En ces temps incertains, c'est important pour le peuple ukrainien de voir que les Français continuent à les supporter. Malheureusement, je ne pourrai participer à la projection car je vis désormais en Israël. J'ai déménagé là-bas en août dernier après m'être mariée avec un musicien de Tel Aviv. Ironie de l'histoire : la guerre a commencé ici aussi, avec l'attaque du Hamas le 7 octobre. J'ai accouché de mon premier bébé dans la nuit de samedi. Je suis toujours à l'hôpital. De temps en temps, des sirènes retentissent et nous devons descendre à l'abri antibombe. L'histoire se répète comme si la vie était une mauvaise blague. Je passe beaucoup de temps à prier. Je prie pour tous les êtres vivants, pour chaque créature que Dieu a faite.

J'espère que nous connaîtrons un jour la paix.

Avec toute mon amitié.

OLHA

21 février – Jour de projection

Jour de pluie. L'impression de marcher sur des reflets de ciel en parcourant la ville. J'ai dégoté une chambre pour quelques hryvnias au fond d'une cour médiévale attenante à l'ambassade d'Arménie. Radiateurs centralisés, pièce surchauffée, draps constellés de taches douteuses, murs de briques délavées et balcons en fer forgé, un havre de paix pour passer mes nuits. Clin d'œil du hasard : au même instant, le résistant Missak Manouchian et son épouse Mélinée entrent au Panthéon.

Je retrouve Eva en début d'après-midi sur le parvis de la grande église de l'Assomption. Même sourire lumineux, même regard exalté, même fougue inébranlable, les deux années de guerre n'ont en rien altéré la flamme de la jeune activiste de Galicie. Pourtant, quelques minutes de conversation suffisent pour saisir son désarroi :

— La colère est un mot trop faible et la tristesse un mot trop doux pour décrire ce que nous ressentons. C'est toute une génération qui est sacrifiée sur les champs de bataille. Notre jeunesse est assassinée…

— Pourtant, tu continues à sourire.

— Oui. Parce que sourire, c'est prêter allégeance à la vie.

La projection est organisée le mercredi soir dans l'une des universités les plus renommées d'Ukraine : l'Université catholique de Lviv (UCU). Pas moins de mille neuf cents personnes, futures forces vives du pays, s'y croisent chaque jour malgré la guerre pour suivre des formations dans des domaines aussi divers que les sciences humaines, la littérature comparée en langues étrangères, le droit, l'économie de gestion, les sciences naturelles et le journalisme.

Je suis reçu en grande pompe par le vice-président de l'université, Oleh Yaskiv. Petite esquisse du personnage : Oleh Yaskiv, c'est un mètre quatre-vingt-cinq de charisme et de dignité, le visage impassible comme une steppe ukrainienne, le front large, les pommettes saillantes et le regard droit. Au complet-veston en laine porté ordinairement par les hommes de son rang, Oleh a préféré le treillis militaire pour rappeler à tous les étudiants que les combats sont loin mais que la guerre est là. Depuis deux ans, il partage son temps entre l'Université de Lviv et les lignes de front du Donbass. Plume dans une main, kalachnikov dans l'autre, la combinaison féconde du courage intellectuel et de l'engagement physique. Pour Oleh, le précepte est simple : mettre sa conduite en accord avec ses sentiments et faire du « passage à l'acte » le point d'orgue de la cohérence intellectuelle.

En dehors de ses qualités d'expert en ingénierie des surfaces et des alliages de titane par méthodes de saturation par thermodiffusion, Oleh est également réalisateur et producteur de films documentaires, auteur d'écrits de vulgarisation scientifique, de poésie et d'essais sur le cinéma ukrainien, et compte pas moins de cent cinquante publications dans la presse sur des thèmes culturels et politiques. Pas étonnant que ses étudiants aient, dès les premiers jours de l'invasion, mis toutes leurs compétences au service de l'effort de guerre. Ils ont accompagné des centaines de réfugiés dans les démarches juridiques et administratives pour se loger ou traverser les frontières. Les étudiants en journalisme ont quant à eux créé une équipe d'urgence médiatique et sont entrés dans la « guerre » de l'information, publiant articles de presse et vidéos quotidiennement. Sous l'influence d'Oleh, l'université a été transformée en asile pour les réfugiés ainsi qu'en centre de stockage pour les livraisons humanitaires.

La projection du film est suivie d'un échange avec le public : étudiants, professeurs et quelques militaires venus vérifier ce que ce Français raconte sur leur guerre. La responsable culturelle de l'université orchestre la discussion pendant qu'Eva se charge des traductions. Lev Skop, véritable figure locale et l'un des personnages centraux du film, participe également au débat. Après quelques questions relatives à la réalisation du documentaire, à la direction artistique, à l'esthétisme des images, un militaire prend la parole :

— C'est bien beau de filmer les artistes, mais tu penses pas que ça reste anecdotique ? Je reviens de Bakhmout, c'est cette réalité qu'il faut montrer au monde. Montrer comment les Russes nous exterminent sous une pluie de bombes. Montrer que la boue, le sang et l'urine coulent sur nos visages depuis deux ans.

À vrai dire, je m'attendais à cette question. Et si je comprends la réalité tragique de ce soldat, je nuance néanmoins son propos en rappelant que Poutine échafaude un plan de destruction méthodique et totale de la culture ukrainienne. Pour résister pleinement, il faut un arsenal de défense composé de canons d'artillerie et de fusils-mitrailleurs, mais également de plumes, de pinceaux et de violons. Peu convaincu par ma réponse, le militaire se lève et dégaine un lance-roquettes antichar de son sac à dos.

— Chacun ses armes, tu as raison ! Nous nous battons pour la survie du peuple ukrainien, vous autres, les artistes, battez-vous pour notre âme.

24 février – Réparer les vivants

11 heures. Vynnyky, paisible village en périphérie de Lviv. J'ai rendez-vous avec Andriy Ichtchouk, superviseur du centre hospitalier Superhumans. Depuis un an, l'hôpital des vétérans de l'époque soviétique a été réhabilité en centre orthopédique dernier cri. Ici, tout est propre, clinquant, impeccablement lustré, épuré même, et surtout… Tout est blanc. De la peinture fraîche des couloirs à la lumière blafarde des néons, de la blouse du personnel soignant au visage des patients.

Au centre hospitalier Superhumans, je sépare les blessés en trois catégories : ceux qui sont amputés des membres inférieurs, ceux qui sont amputés des membres supérieurs, et ceux qui n'ont plus que la parole pour les différencier du tronc d'arbre.

Les premiers ont des prothèses orthopédiques qui leur permettent de retrouver rapidement l'usage des jambes. Les deuxièmes ont des prothèses adaptées aux membres supérieurs avec des crochets aux extrémités pour saisir les objets. Quant aux derniers, ils sont en grande partie revêtus d'un exosquelette et ressemblent à des humanoïdes sortis des récits dystopiques de Philip K. Dick.

Le premier patient que je rencontre s'appelle Viatcheslav Levitsky. Il participe à une séance de rééducation cognitive avec un jeu de tarot et des consignes que je ne comprends pas. Chauffeur de taxi avant l'invasion dans la région d'Odessa, Viatcheslav a été blessé près d'Avdiïvka et détenu prisonnier pendant sept jours par les soldats de la République autoproclamée de Donetsk. Sept jours entre la vie et la mort, sans soins médicaux.

— J'ai finalement été échangé contre des prisonniers tchétchènes. Mais entre-temps, la gangrène avait déjà fait le sale boulot. On m'a amputé des quatre membres et maintenant je suis ici, à voir comment on peut réparer les dégâts. J'attends des prothèses de bras qui doivent justement arriver aujourd'hui.

Dans ce genre de discussion, on ne sait jamais quoi répondre. La langue nous fait défaut, les mots ne suffisent plus.

Plusieurs fois par an, le centre envoie des délégations de médecins à l'étranger et notamment en France pour qu'ils soient formés aux techniques de pointe. Pour Andriy, ces échanges internationaux sont essentiels :

— Pour le moment, nous travaillons principalement sur la modélisation et la rééducation grâce aux prothèses orthopédiques. Mais la semaine prochaine, nous ouvrirons un pôle de chirurgie réparatrice. Des opérations maxillo-faciales complexes seront possibles, comme le remplacement d'implants oculaires ou la restauration de certaines parties du visage endommagé. Nous travaillons également avec des psychologues pour panser les maux de l'esprit, car le soldat quitte la tranchée mais la tranchée ne quitte pas le soldat. La plupart de ceux qui reviennent du front et rejoignent la vie civile n'appartiennent plus à la même réalité. Ils se sentent incompris et se renferment sur eux-mêmes. Il faut les prendre en charge assez tôt et les réintégrer dans un quotidien où ils se sentiront utiles.

Debout près de la machine à café, Sergiy Lichtchynskyy semble tout droit revenu des enfers : teint blafard de convalescent, front tailladé par des éclats d'obus, jambe gauche sectionnée en haut de la cuisse. Ce jeune trentenaire travaillait dans une entreprise de construction avant la date fatidique du 24 février 2022. Dès les premiers jours de l'invasion russe, il se porte volontaire et intègre un bataillon de l'armée régulière, où il reçoit une formation de tireur d'élite.

— J'ai de bonnes facultés de concentration. Avec un fusil de précision, je suis capable de descendre l'ennemi à plus de mille mètres.

Après quelques mois de formation, Sergiy rejoint la brigade d'assaut *Liout*, « Rage » en ukrainien, une unité paramilitaire composée de policiers, de gardes-frontières et de gardes nationaux. Il est d'abord déployé à Kourdioumivka et Tchassiv Iar, dans l'oblast de Donetsk. Le 29 septembre dernier, en plein siège de Bakhmout, Sergiy et ses camarades de bataillon reçoivent l'ordre de tenir leur position « coûte que coûte » afin de contenir l'offensive russe. Après plusieurs heures de combats acharnés, un projectile de 122 millimètres tiré par un obusier lui arrache la jambe gauche. L'os de la jambe droite est également brisé, du sang coule sur son visage. D'un coup d'œil, il balaye l'horizon à la recherche d'un camarade de tranchée, mais tous ont péri dans l'explosion. Le jeune soldat est alors embarqué dans une course contre la mort. Malgré la violence du choc, il reste conscient et tente de se remémorer les consignes d'urgence. De sa poche ensanglantée, il dégaine un tourniquet tactique, pose le garrot sous la hanche pour arrêter l'hémorragie et avale d'une traite tout le stock d'antidouleurs. Il transmet ensuite sa position par radio et attend impuissant l'arrivée des secours.

— Malheureusement, l'artillerie russe a continué à pilonner sans relâche, si bien que mon bataillon a mis deux heures pour arriver jusqu'à moi. Deux heures sous les bombes, le corps en charpie. Deux heures immobile dans la boue pour ne pas être repéré par un drone. Deux heures où chaque minute qui passe est un instant de vie arraché à la mort. À ce moment-là, je ne pensais qu'à une seule chose : ne pas perdre connaissance. Ma jambe était arrachée mais j'étais en vie, je devais survivre.

Profitant d'un répit entre deux salves d'artillerie, ses camarades parviennent à le secourir. Accroché sur le dos de son ami Andriy, il s'abandonne enfin et perd connaissance.

— Je me suis réveillé quelques jours plus tard à l'hôpital militaire de Droujkivka. Le plus dur dans tout ça, c'est qu'Andriy, le compagnon qui est venu me sauver dans les tranchées, est décédé dans un bombardement le lendemain.

Malgré le drame, Sergiy voit les choses d'un bon œil :

— Tu sais, ici, quand tu n'as été amputé que d'un seul membre, c'est que tu as eu de la chance.

Heureux de bénéficier gratuitement des soins du

centre hospitalier Superhumans, il participe à tous les ateliers proposés.

— Ce matin j'apprenais à pétrir l'argile pour la poterie, et en début d'après-midi j'ai fait quelques brasses à la piscine. Ça me change des derniers mois au front. La femme de mon voisin de chambre m'apprend à dessiner. En ce moment, je peins l'océan pour prendre le large.

En Ukraine, la pension d'invalidité ne permet pas aux soldats de vivre dignement, alors quand je lui demande ce qu'il envisage à sa sortie du centre, Sergiy répond sans hésiter vouloir rejoindre ses camarades de bataillon et devenir instructeur :

— J'aimerais partager mon expérience aux jeunes recrues et leur apprendre à bien réagir en conditions extrêmes.

Il s'interrompt un instant, esquisse un sourire émacié et ajoute :

— Autrefois, j'étais danseur folklorique. Mon objectif, désormais, c'est d'apprendre à manier cette foutue prothèse pour danser la valse le jour de mon mariage. La guerre ne m'a pas laissé le temps de trouver une fiancée, mais si Dieu m'a sauvé de l'enfer, c'est qu'il doit avoir des plans pour moi !

28 février – Nouvelle mission ?

Les jours qui suivent me laissent dans l'expectative. Je suis en discussion depuis les premiers jours de guerre avec certains membres de la petite communauté des surfeurs d'Odessa. Mon principal contact, Vasyl Kordysh, le président de la Fédération ukrainienne, rentre chez lui dans deux jours après de longues semaines passées à Kyiv. Malheureusement, ma venue coïncide une fois encore avec une intensification des attaques sur la région. Le port industriel et le centre-ville sont visés depuis des cuirassés situés au large de la mer Noire. Au moins sept personnes, dont un enfant de trois ans, ont été tuées la nuit dernière après qu'une pluie de missiles se fut abattue non loin de la plage d'Arcadia. Eva, qui souhaitait me servir de traductrice, me fait part de son inquiétude :

— Damien, j'ai bien réfléchi, je ne pense pas t'accompagner à Odessa. C'est trop dangereux.

— Je comprends, Eva.

— Et toi, que vas-tu faire ?

— Je ne sais pas. C'est un long voyage depuis la France, c'est dommage de rester à Lviv, loin des zones de combat. Mais comme toi, je me demande si le jeu en vaut la chandelle. Il y a deux ans, lorsque je suis venu ici pour la première fois, j'étais seul maître de mes décisions. Aujourd'hui, je partage ma vie avec la femme que j'aime, Marie. Nous attendons un fils pour le mois de juin. Ça change la donne.

— Rentre, Damien. Va retrouver ta femme. La guerre sera longue. On se reverra, j'en suis sûre.

Si les raisons qui me poussent à rester en Ukraine sont louables, celles qui me poussent à rentrer le sont davantage. Je ne cesse de penser à Arman, mort de n'avoir pas su dire stop. Pourtant, la culpabilité de sortir de la guerre lorsque les risques sont trop élevés me ronge la tête. Je suis conscient que ma présence ici n'est pas essentielle, que mon rôle de témoin n'a rien de déterminant, qu'avec ou sans moi la guerre continuera à laisser sa marque, pourtant je vis ce départ comme un acte de désertion. L'âme lourde, je me résous à rentrer.

1er mars – Retour au pays

Cette nuit, j'ai encore rêvé d'elle. J'ai vu sa tignasse en friche, ses yeux sauvages, ses lèvres fines. L'écho toujours perceptible de sa voix au petit matin est le rayonnement fossile de mon rêve. Comme moi, Marie est réalisatrice de films documentaires. Pendant que je documente les hommes, elle immortalise les bêtes. Le monde sauvage est sa panacée, elle filme les loups, les chouettes, les castors, les renards, mais aussi la panthère des neiges pour un film qui lui a valu un César en 2022. Nous nous sommes rencontrés au Festival international du film de La Rochelle en 2019 alors que je présentais mon film sur le Liberia. Elle aimait l'idée qu'on puisse glisser sur les vagues pour soigner son âme, le rire des enfants devant la mer, les histoires qui finissent bien. S'ensuivit une camaraderie de quelques années, puis un amour soudain, inattendu, tapi dans l'ombre de notre amitié. La vie est parfois surprenante. On arpente l'existence comme un marin perdu dans la brume, on peste contre l'injustice et la mort, on gueule contre le vent, le ciel, la terre, les hommes, des idées noires plein la tête, du soufre dans le cœur, et à l'instant où l'on se résigne à l'absurdité de notre condition, au non-sens tragique du monde, voilà que le bonheur vous tombe dessus comme un souffle de rédemption.

Dix ans après la mort de mon frère, je clos le chapitre. Marie ouvre le suivant : il s'appellera Mendi.

À bord du bus qui me ramène en Pologne, je suis le seul homme en âge de combattre. Les autres passagers sont des femmes ou des vieillards. La joue contre la vitre, les yeux dans la nuit froide, je pense à toutes ces familles qui ont désormais une place vide autour de la table. Je pense à tous ces hommes aux rêves mutilés et aux destins brisés. Tout ça pour quoi ? Que reste-t-il après la mort sinon la présence des absents dans la mémoire des vivants ? Je pense à mon frère disparu aux confins de la Patagonie. Je pense à Arman, mort sous les bombes à Tchassiv Iar, et la seule réponse qui me vient, ce sont les mots de Maurice Genevoix : « Il n'y a pas de mort. Je peux fermer les yeux, j'aurai mon paradis dans les cœurs qui se souviendront. »

Vers 2 heures du matin, le véhicule est stoppé au dernier check-point avant la frontière. Des soldats de la Défense territoriale grimpent à bord, fusils-mitrailleurs en bandoulière, à la recherche de déserteurs. En arrivant à mon niveau, le militaire me jette un regard suspicieux.

— Je suis journaliste français.

Je lui tends mon passeport et ma carte de presse.

— La guerre n'est pas terminée, vous partez déjà ?

— Il faut savoir partir.

— Vous avez de la chance. Pour nous, il n'y a pas le

choix. Nous sommes condamnés à vaincre ou à mourir. Bon retour chez vous.

Le moteur ronfle. Les portes se ferment. Le bus reprend sa route vers ce lieu du monde où les étoiles ne tombent plus du ciel sur la terre.

ÉPILOGUE

8 mai – Iparralde – Pays basque nord

Du haut des falaises calcaires qui surplombent le golfe de Biscaye, entre Saint-Jean-de-Luz et Hendaye, j'observe l'océan dérouler ses eaux sombres au pied des montagnes. C'est beau, c'est calme. Dans cette province basque du Labourd, l'algue et la fougère cohabitent, les mouettes partagent le territoire des mésanges. Certains hommes labourent la terre, d'autres labourent la mer. La charrue pour les uns, le chalut pour les autres. Dans les hauteurs, des troupeaux de manechs entretiennent la coiffe des alpages. Au loin, les Trois Couronnes indiquent la direction de l'Espagne.

Hasard du calendrier, la commémoration de l'armistice et la fête de l'Ascension se suivent cette année. L'espace d'un week-end prolongé, le Pays basque a des allures de grandes vacances. Un autobus s'arrête le long du promontoire en laissant tourner son moteur. Les portes s'ouvrent, le silence meurt. Les touristes se ruent sur la corniche pour mitrailler le ciel : portraits, selfies, paysages… Les promesses du crépuscule valent bien quelques clichés. Malgré le vrombissement du moteur et le chahut des badauds, la paix demeure, l'océan salive son écume sur la roche noire, le vent du large souffle son impatience de rencontrer la terre, les nuages écrivent des poèmes dans le ciel. Marie se blottit contre moi, la joue sur mon épaule, sa main contre la mienne. Dans son ventre en forme de lune : la promesse de lendemains qui chantent.

À mon retour d'Ukraine, je décèle beaucoup d'incompréhension de la part de mon entourage. Ils ne le manifestent pas directement mais je devine ce qu'ils pensent : « Pourquoi courir sous les bombes lorsqu'on est payé pour glisser sur les vagues ? » Mes parents, qui ont connu le malheur incommensurable de mettre en terre leur plus jeune fils, sont ceux qui, paradoxalement, ont le mieux compris le sens de ma démarche.

Parfois, aux heures tardives d'une veillée festive, sur un bout de table ou un coin de comptoir, la pudeur se dissout dans l'ivresse, les langues se délient :

— Pourquoi avoir choisi la guerre, le drame, la mort ?

— Parce que la solidarité, l'honneur, le courage !

Ces vertus qui conditionnent à elles seules l'esprit de résistance du peuple ukrainien.

La réponse fait sourire. Je me surprends à parler comme un militaire. Mais comment raconter cette histoire autrement qu'avec ces mots simples et quelque peu dépassés par l'époque : le courage, l'honneur, le sens du sacrifice.

Là-bas, j'ai partagé la vie de gens ordinaires pris dans les tourments extraordinaires de la guerre : paysans ou citadins, jeunes ou vieux, victimes ou héros, presque tous anonymes. Ensemble, nous avons eu peur, nous avons eu froid, nous avons prié, nous avons pleuré, j'ai partagé leurs doutes et leurs joies profondes, faisant de ce temps sous les bombes une éternité. Ce fut pour moi une expérience collective fondatrice, car dans ce lieu du monde où la mort est sur toutes les lèvres, on apprend plus qu'ailleurs à célébrer la vie.

REMERCIEMENTS

J'aimerais profiter des dernières lignes de ce livre pour rendre hommage à tous les fixeurs qui travaillent dans l'ombre pour que l'information circule hors des frontières de leur pays. Comme l'a écrit Robin Grassi, de Reporters sans frontières : « Les fixeurs sont les invisibles qui rendent cette guerre visible. » Ils étaient entrepreneurs, chauffeurs de taxi, professeurs de langue étrangère ou musiciens avant l'invasion à grande échelle de février 2022, ils aident aujourd'hui les journalistes internationaux à se rendre sur les zones de front. Ils assurent la traduction, facilitent les rencontres, négocient les autorisations, parlementent aux check-points et servent de guides sur les terrains hautement risqués. Dans la zone grise, le journaliste s'en remet entièrement au fixeur, il est celui qui appréhende le danger et prend les décisions d'urgence. J'ai évidemment une pensée particulière pour Eva et Pavel, qui nous ont offert une aide considérable dans l'accomplissement de notre tâche. Et je n'oublie pas qu'à la fin, lorsque les journalistes rentrent, les fixeurs restent…

Merci à ceux qui ont traversé cette histoire, et aux autres qui m'ont permis de l'écrire :

Michael Darrigade, Lodewijk Allaert, Cédric Gras, Marie Amiguet, Ludovic Escande, Eva Raiska, Lev Skop, Chris Garett, Seiby, Greg Pavlov, Dmytro Trembanchuk, Kristina Banderivka, Ayrton « Kookaburra », Olha Chernyshova, Pavel Khramtsov, Svitlana Bachurina, Olha Pyshchyta, Loïc Lepillet, Ganna Monina, Mendi Castera Amiguet, Anita, Gilles et Sébastien Castera, Jacques Arrosteguy, Maurice Rebeix, Mathieu Bidart, Jonathan Allmang, Thierry Sebba, Ben Guyot, Manon Perret, Julien Durant, Jérémy Rochette, Vincent André, Nelson Fourcade.

Et à la mémoire d'Arman Soldin…

Achevé d'imprimer par Normandie Roto Impression s.a.s.
61250 Lonrai en avril 2025.
Dépôt légal : avril 2025.
Numéro d'imprimeur : 2501584.

ISBN : 978-2-07-311271-2 / Imprimé en France.

657756